Story Like You Mean It

How to Build and Use Your Personal Narrative to Illustrate Who You Really Are

你的人生就是最好的故事

勇敢、合作與美德，用三大主題打動自己與他人的人生整理術

丹尼爾・雷貝洛博士 著
Dr. Dennis Rebelo
劉議方 譯

目次

序．自我介紹就是講個好故事……005
第1章 老掉牙的故事如一再重播的電影……021
第2章 你很重要……041
第3章 重建人生故事的意義……063
第4章 無論扮演哪種人生角色，都有值得說出來的故事……083
第5章 沒有細節的故事就像空殼……103
第6章 主題與脈絡……121
第7章 上場表演的時候到了……139
第8章 身心投入生活，打造精彩人生……165
第9章 故事達人大考驗……193
第10章 重新與他人和世界連結……221
結語．用故事爲他人創造能量……237
致謝……241
參考資料……247

序 自我介紹就是講個好故事

「請介紹一下你自己。」

聽到的人愣住了。他猶豫了一下，然後支支吾吾地說起自己的學歷、工作經歷，以及抱負。聽起來就像網站文宣。他的自我介紹充滿陳腔濫調，就像經由刻意練習而背誦出來的電梯簡報；沒有節奏、沒有特色、沒有吸引力。

雖然不至於糟糕透頂，但他說話的內容錯雜紊亂。當他發現聽者已失去興趣時，臉上出現挫敗的表情。這時，講者和聽者雙方都很尷尬。

他草草地作結，最後脫口而出：「我講完了。」

另一個人準備好了。她用幾句話說明當前生活的決策及行動，描述她如何克服障礙，並與他人合作，最後談到自己的下一個目標。這一次，聽眾專心聽進去了，也相信這個故事，更與講者建立了連結。

我們都經歷過第一個講者的處境，對方顯然沒有在聽自己講話。我們懊悔不已，想著剛剛遺漏的重點或經歷。

但我們都有改進的機會。

自我介紹的殘酷舞台

假設你去參加面試或業務會議，而你是某個專業領域的領導者，又或者你初出茅廬、準備一戰成名。無論如何，失敗的代價都很高。你希望自己的意見被聽見，也已做好準備。不可避免地，有人問你最近在做什麼。

「談談你自己吧。」

現在你有機會塑造他人對自己的評價。你當然不想錯過。此時，講出無聊乏味的故事不僅浪費才華，更是錯失良機。

我將向你說明，如何利用此機會講述你的「巔峰故事」（Peak Story）。你能用它來顯示自己的價值及重要性，還能說明你當前的成果和接下來的目標。你將更加了解自己，包括你的能力以及動機。

當有人說「談談你自己吧」，他真正的意思是：「告訴我，你可以為我的人生增加哪些益處？告訴我，為什麼我應該聽你講話。」而當他說「談談你的公司吧」，也是如此。他們不是真的對你的公司感興趣，而是想說：「介紹你自己，並告訴我，為何我需要了解你的公司。」

我們都碰過這種場合：有時你是旁觀者，但遲早都要親自上陣。而且，最令你感到困窘的，不是介紹你的工作內容或產品，而是你本人的經歷。過去，我們之所以能蒙混過關，用同一套單調的說詞撐場面，是因為其他人都這麼做。

每當我們走進會議室，包括參加面試、新人培訓或銷售會議，在場的人都在想：「你能為這場會議、這間學校、這項業務帶來什麼價值？你為什麼要推銷這個產品或這項服務？」

你一開始自我介紹，就會從他們的眼中看出，他們想聽到你的成就與優勢，但你準備好的台詞卻千篇一律：「我養了一隻狗叫做菲利克斯，牠很可愛」、「我很榮幸代表ABC投信公司來此會報。我在這家公司服務了八年，我們公司真的很棒。然後……對，很高興來這裡。」

講述人生故事不是成功就是失敗。現今，每個人都在談論在能源上的淨效益。我們用了多少能量？又產出了多少能量？講故事也是如此。要嘛你減弱對方的能量，要嘛你把正能量帶到會場裡。很少有人會說：「我剛剛跟約翰聊天，但說不上來他現在是好是壞。」

故事鋪陳（Story Pathing）

你的人生故事其實是寶庫，只要講得好，就能帶給他人能量。除了故事本身，它所透露的訊息也很重要，不管是商業、社會或是友情上的價值。其他人因此更願意傾聽你說話。不管是參加面試、業務會議或研討會，我們都會希望對方會專心聆聽。

沒有人喜歡自言自語。

要讓人們聽你說話，你得知道自己正在做的事，以及應該做的事。你和自己的人生故事相輔相成；是它把你帶到現在的人生位置。

整理自己的人生故事時，你會從過去找到定錨點，還會得到一組人生羅盤，它會指出你前進的方向。你會看到當下的立足點和中途站，並走向預定的目的地。心理學家稱此過程為「暫時身分宣告」(Provisional Identity Claim)，我則稱之為「故事鋪陳」。

你用人生故事告訴聽眾：「我去過哪裡，這是我現在的立足點，而下一站又在哪裡。」

在說故事的當下，你就表明了現階段的身分。

接下來你要說的是：「這一切都很有意義，也令人感到振奮。你一定很感動，對吧？我的故事證明了我的價值與重要性。在整理人生的過程中，我要讓自己發光發亮。」

鋪陳故事，我們就能呈現出過去經歷以及未來目標的意義；還能證明，自己無論到何處都能調適自己，以創造更高的價值。你的故事正告訴大家「你是誰」。

若聽眾能了解，你所陳述的事情就是正在努力做的事，那就會給你機會。他們會給你可發揮的空間，或把你介紹給更多的人。人們總是願意延長會議時間，或盡其所能地幫助某人完成理想。

我們都有股熱情，想去支持那些有特長的人。看演唱會是為了聆聽美好的歌聲；走進劇場是為了看精湛的演技。所以，如你善於講述自己的故事，人們就會支持你。他們會看到你認真投入當下的志業（表現專長），還會看到你努力證明自己的價值；而這些訊息都嵌在故事中。

你能侃侃而談，是因你躬身踐行。

每個人都喜歡說故事

有些人審視自己的一生，擔心自己沒有精彩的經歷能用來鋪陳故事。但他們錯了，不管你在這顆星球上活了十二年或九十二年，都可以講述你的故事，展現你的價值。

講故事對每個人都不陌生。不管是小孩、青少年或成年人，都喜歡講故事。只是基於各種原因，我們生疏了，但這個習慣仍潛藏在我們體內。它是一條長期閒置的肌肉，隨時可以重新啟動。

鋪陳故事不是講奇聞軼事或隨性聊天，也不是用來為做錯事情找藉口，那樣無法顯示出你是怎樣的人。

鋪陳故事就是一種自我創作（self-authorship），也是一種整理生活經歷的方法。許多人庸碌地過著「正常的」人生，對這個世界沒那麼投入，旁人也對他們沒那麼感興趣。然而，當你開始鋪陳故事，就會發現世界變得更有意義、更能理解了。（相信我，凡事都有意義！）

懂得鋪陳故事，就能活出心理學家所說的「非凡人生」（phenomenal life）；他們指的不是美好而夢幻的生活，而充滿各種現象（phenomena），包括事實、事件和情況。有一門心理學分支稱為現象學（Phenomenology），而該門學者認為，所謂的非凡人生，就是在人生中完全意識到自己的感受、人際關係以及它們如何出現。

所以說，一切從你開始。

巔峰故事（Peak Story）

以最好的架構與文字去鋪陳故事，就能創造出你的巔峰故事。找出人生中的重要時刻，並理出其優先次序，就能構建出好故事來與他人分享。串起自我事件的連結（self-event connection），人生的某些時刻與經歷便會有因果關係。

講述巔峰故事有兩大障礙。

首先，我們很少進行有目的的反思，但那能讓我們深入了解過去經歷之意義。不少人會人在心理治療、靈性活動或在大自然中有反思的片刻，但這不是系統性的思考法。這些反思的時刻很零碎，你無法用它們來拼湊出人生故事。

巔峰故事法始於反思；理解自己，才能表達自己。現代人在社群媒體上發布的照片都很片面，無法呈現自己的本質。我們無法從那些照片評判他人，也無法以這些照片彰顯自我價值。然而，比起深刻反思自己的人生經歷，在網路上發照片容易多了。

透過有目的、系統性的反思，才能建構巔峰故事。面對他人前，必須先面對自己的內心；自我探索是最終極的探究。

第二大障礙是，現代人早已放棄被傾聽的欲望了，也不想講自己的故事，而阻力就在身邊。每個人只知道在社群媒體上發照片，而漸漸失去自我描述的能力。我們不想講自己的故事，因為身邊的人也不這麼做。想要克服內心的障礙，就必須訓練「講故事肌肉」，讓它再次動起來。

在鋪陳故事的過程中，我們有意識地把自己的身分與經歷塑造成人生故事。創造巔峰故事，強調自己特殊的人生經歷，讓人們聆聽、理解並欣賞你。

人生故事系統

巔峰故事法的目的很清楚，還有研究基礎，能讓你了解自己人生故事的重大轉折。這套方法源自我的博士論文，它結合了兩個領域：人文心理學與組織系統。在研究中，我了解了大腦的結構，也找到精確的方法去收集人生片段，以應對關鍵時刻的挑戰。

簡而言之，在某些場合表達你是誰，以及你能帶來的價值非常很重要。所以，你一定要成為講述人生故事的高手。每個人都有能力處理並收集人生經歷；它們就是人生故事的原料。

做研究的過程中，我一再看見人們有機會講述人生故事，卻說得零零落落或是完全放棄。有些人反駁說，只有那些有頭有臉的人物才能講自己的人生故事，而且不會受到質疑。畢竟，大家都要靠這些人才有飯吃，誰會阻止他們說話，對吧？但我提出巔峰故事法的原因正是如此。我這輩子看太多次了，只有權力在握的人才有特權講故事，而那些專業人士和創造價值的人卻沒被注意到。這對任何人或企業都不是件好事。

我的目標是將研究數據轉為可實用的方法，並將觀察到的現象轉為一套系統。能重複運用的系統，才能幫助更多人、而更有價值。

我最近指導過的學員惠妮說：「在生活中看到很美的東西，那就值得複製，這時就需要一套系統。」

對，這就是我正在做的事。我著迷於打造一套人生故事複製系統（也就是「巔峰故事法」）。我對他人的人生故事變得高度敏銳，還能看出當中慣常出現的模式。

三大類人生故事

我發現，當人們在講述全力保護自己以及克服障礙的故事時，聽眾會突然醒來，並看見講者的價值。我稱這樣的人生故事為勇敢故事（Hero Story）。

然而，光講這樣的故事，人們仍看不到你全面的價值，我們不只希望你是英勇的戰士。也期待你能與他人齊心合作。而我稱此類型的故事為合作故事（Collaborative Story）。

將英勇與合作故事合而為一，就能回顧自己的奮鬥歷程，並探索心靈，設法活出更棒的自己。這兩項結合而成的人生故事我稱作超我故事（Super-Self Story）或美德故事（Virtuous Story），都是用來描述優異的成就與充實的人生。

若能講述這三種類型的故事，聽眾就能明白：

- 你值得信賴（勇敢故事）
- 你可與他人合作（合作故事）
- 你正在努力成為更有品德的自己（美德故事）

回溯你的人生經歷，找出許多自我事件的連結關係，就能加深聽眾對你的親切感；因為這些事件是源自於現實世界及你個人的經歷。

透過這個架構，你會開始注意到自己的人生經歷，並微調它們，最終串成巔峰故事，並以適合的方式呈現出來。當你講述的故事與聽眾有關聯，又具有啟發性及影響力，就能引起聽眾的注意，進而更想與你交談。你讓他們看到你的價值；你感覺到自己的變化，也看到其他人的變化。

完成了博士論文後，我開始傳授人們演講技巧，而這些概念總是能派上用場。我將這套理論圖像化，並用於公開演講中，而聽眾都感到很受用。他們不再對鋪陳故事反感，也學著找出並解析形塑自我的經歷（Formative Experience），進而被它們改變。他們聽完都說：「我以為這只是一場普通的演講，但它改變了我的一生。」

於是，我創立了巔峰故事法。

這套方法以研究為基礎，並以我十多年的實務經驗為後盾，除了演講和教學外，我也指導過許多組織管理者。我是運動腦力學院（Sports Mind Institute）的共同創辦人，指導過美式足球聯盟（NFL）、德國音響公司森海塞爾（Sennheiser），還在警察局、學校等單位負責教育訓練。我曾在網路鞋業龍頭薩波斯（Zappos）總部外發表演說。此外，在美國海軍艦艇和世界各個角落，也都有我線上的學生。

現在輪到讀者你了。興奮嗎？你已對我有所了解，現在我將助你更加了解自己，進而向他人介紹全新的自己。

準備好了嗎？一起開始這場冒險吧！

練習 故事日誌

巔峰故事法非常實用，而且有明確的目標與步驟。

你可以坐在沙發上輕鬆讀這本書，在若想要消化書中的內容與觀念，最好拿起紙筆或在電腦上練習。這樣，你才能學會這整套方法。不管是在實體或線上課程，我都會跟學員進行互動。因此，本書每一章都有附有練習，好讓你思考、寫下來並付諸行動。

你不會吃虧，這就是你需要的方法，但要發揮成效，就得投入心力。但不用擔心，這不是一件苦差事。過程很有趣，因爲這些練習都是探究自我的好機會，而了解自己是一件輕鬆有趣的事。

這些練習結合了理論（思考）與實踐（行動）。

這些練習會讓你的進展慢下來。有些人會感到沮喪，因爲他們想快一點發表自己的巔峰故事。但不要著急，一步一步來，最終一定會有成果。

第一個練習再簡單不過了，甚至稱不上練習。

你需要一本日誌來記錄進度，不論是精美的手札、辦公室的平價筆記本甚至便利貼也可以。你也可以在電腦上完成。總之，多做筆記與練習，然後經常回顧與反思。

接下來，我們能開始學著鋪陳故事了。

Story Like You Mean It

CHAPTER 1

老掉牙的故事
如一再重播的電影

從伊甸園到麥金塔的分枝
摘蘋果的代價總是高昂
iPod、iMac、iPhone、iChat
不用眼神接觸，我就能做到一切

美國詩人馬修・戴維斯・瓊斯（Marshall Davis Jones），
〈觸控螢幕〉（Touchscreen）

你上一次真心對某人的人生故事有共鳴，是什麼時候？

可能是很久以前了。

不意外。現今，我們沒什麼機會講述自己的人生故事。碰到這種場合時，我們只會吞吞吐吐地說：「呃，嗯，好吧，我想想……」因為我們缺乏練習。

這不是誰的錯，只是現實就是如此。但這樣並不健康。我們越來越難與人建立有意義的關係。更糟的是，同樣的狀況一遍又一遍上演：講話的機會來了，你卻沒把握住。你呈現的並非最佳的自己。在系統思考（Systems Thinking）的範疇裡，重複的行為若能帶來良好效果，便是「良性雪球效應」，若帶來負面效果，則稱作「惡性雪球效應」。

總是無法好好講述人生故事，就是惡性雪球效應。大腦有「神經可塑性」，也就是說，它能重塑我們的思考方式。因此，重複的次數越多，大腦就會越習慣此一行為。大腦有時不想改變，只喜歡熟悉及安逸的狀態。反正沒人認識你，多說多錯，誰不想讓自己舒適一點？何必嘗試新做法。

所以，儘管引不起聽眾的興趣，你也會一再重複同樣的故事，因為這樣比較輕鬆，但聽眾不會給你任何回饋，因為你沒有與他們建立關係。

重新與人對話

麻省理工的雪莉・特克（Sherry Turkle）教授專門研究科技、連結感（connectedness）與人類的境況（human condition），她如此描述現代世界：「我們對科技所抱持的期待愈來愈高，對彼此卻相反。」我非常同意她的看法，現代人過度使用通訊軟體，但關係卻很淺薄。

科技使我們與世界各地的人相連；正如我能在線上指導人在歐洲的學員。當然，我很感激新科技的發明，但我認為，它抑制了我們深入思考或建立關係的能力，甚至有人因此感到絕望。

無論身處何方，科技裝置都能將我們連接到心之所向。我們因此誤以為自己與他人關係緊密，但事實並非如此。用美國詩人瓊斯的話來說，就是科技還不夠先進，不足以讓我們更加成熟。科技拉開了彼此的距離，也令我們的思想變得淺薄，失去了過去曾有的深度。

現在，我們比以往更容易聯繫彼此，卻失去構築關係的能力。我們不再反思，也不再回顧形塑自我的人生經歷。如果沒有這些自我事件的連結，我們就會成為空洞而膚淺的人，就像Instagram上那些「完美無缺」的照片，無法展現出人的真實樣貌與成長背景。

換句話說，別人看到的我們，只是片段的圖像，好比在網路上看到令人心動的建案，但到了現場才看到對街有一座變電所。也許你對那棟建案不感興趣，但到路過一看，才發現隔壁有漂亮的公園，交通又很方便。因此，完整的畫面不但能呈現問題，還會增加當事人的價值。

擔心多說多錯的舒適圈

要建立關係，就必須為對方帶來價值。但是，聽眾很忙碌，被科技管控的生活方式分散了他們的注意力。人們沒有時間反思，也沒機會講述自己的人生故事。我們的同理心被搗碎了，對他人人生故事的不感興趣，而這是我們需要恢復的能力。

無法分享有意義的故事，除了被科技綁架、缺乏深刻反思，慣性也是一個問題。科普作家查爾斯・杜希格（Charles Duhigg）指出，人際互動都暗藏社交線索（Social Cue）；只要我們照慣例行事，便能得到獎勵。

在公開談話的場合，當某人說「好，現在輪到你了」，或者是對你使個眼色，又或者前面的人講完了，這時你才有機會說話。這樣的機會不常出現，就算有也只是例行公事。

大多數的發言機會是留給領導者的，也就是那些有話語權的大人物，而一般人得不到這種機會來展現自己的價值。

根據社交線索，遵守常規的人能獲得獎勵，只要複製他人的話、說些陳腔濫調就好了。按劇本演出，不要特立獨行，就能獲得發表意見的機會。

但是，你想要一直待在舒適圈內嗎？或希望大家知道你的價值？你只想在網路上與人互動，還是想要與人有深層的關係，以展現自己的重要性與價值。

跨出舒適圈很難，所以我們都不想說出自己的人生故事。不過，有了這套巔峰故事法，你就能輕鬆踏出第一步。我的學員從十四歲到九十歲都有，你也可以成功，無需焦慮。

不再揮棒落空

關鍵時刻到來了，人們的目光從手機、平板轉移到你身上，你準備好上場打擊。「你為何想到這裡」、「自我介紹一下吧」，你一開口便出局了，因為他們又在低頭看手機了。

想一想，你有哪些時刻需要分享人生故事？與客戶談話、新工作到職、參加校友聯誼會、發表演說、身處於重大的交際場合？

你想講故事，卻沒什麼獨特的內容。別人講什麼，你就有樣學樣，想不出什麼新鮮的內容。你演奏的曲子與他人一樣，講的故事都很八股，聽眾的回應也一成不變。但只要準備好巔峰故事，就能展現你的價值。

只要多加練習，你就能喚醒聽眾的注意力，展開更具創造力的對話。講者和聽眾間你來我往，彼此的關係就能有所突破，並提升至嶄新的境界。

開啟這樣的對話，就能以個人故事贏得聽眾的心，而聽眾也會回饋自己的人生片段。透過言語、肢體和語氣，你會注意到，他們開始理解你、欣賞你。

在自己和聽眾間創造往來與交流，便是講故事的本質。即使聽眾人數眾多，也能產生有如對話般的效果。多多觀察他們的反應，就能感覺到自己與對方的連結更緊密，關係更有意義；這會使你的心靈更加解放。

不斷講述那些沒有驚喜、老掉牙的故事，就像用手指在沙灘上挖一條溝槽，還越挖越深。每當潮水湧上岸時，水就會直接流進那條溝槽；正如你每次發言時，都會走上同樣的老路——錯誤的路。

你需要繪製一條新路徑。無論是一分鐘、三分半鐘、八分鐘的自介，或是長達三十分鐘的演講，你都可以改變路線，以不同的方式講述人生故事，展現自己的特點與優勢。

講故事可改變你的一生

許多人分享自己的人生故事後，徹底改變了自己的一生，連我都感到很驚奇。沒錯，他們用的是我的方法。

我有個學生是俄國移民，名叫漢娜。她是個能與男生較量的女摔跤手，外表非常有自信。我開始介紹巔峰故事法時，她停頓了一下，說：「看來我必須重新思考自介的方式，不能只是自我感覺良好地隨便說。我得講些有料的內容。」

於是她審視了自己的一生。沒想到大約九週後，她若無其事地對我說：「嘿，博士。我去羅德島基金會面談時，講述了我的人生故事，然後就拿到了獎學金。」我說：「等等，妳成功了？」她說：「對，我分享了自己的故事，就像我們上課時練習的那樣。」我說：「哇，妳講了故事，就拿到了獎學金。金額高嗎？」她回我：「不錯，兩萬美元。」我便再問：「一個故事兩萬美元？」她回答：「是的，不管就讀哪一所學校，每年都有兩萬美元的獎學金。」我說：「總共四年，所以是八萬美元！恭喜！」

她接著說：「能夠做自己，還因此獲得回報，感覺真的很棒。現在我想繼續鑽研，要怎麼講述人生故事，才能獲得大企業的實習機會。」我開玩笑地說：「看來妳講故事講上癮了！」

許多人也都印證了巔峰故事法的成效。它有助於克服各種問題，你一定要試試看。

你就是人生故事的剪接師

要學習巔峰故事法，得投入一點心力與時間，但絕對值得。你能因此獲得人生的意義、重拾回憶並喚起懷舊之情。你就像編劇一樣，負責撰寫自己的人生影集。人們會因此對你感興趣。你就是導演、製片人和剪接師，用自己的人生創作不同的主題故事。

你會開始意識到，原來自己的人生經歷是有意義的。找出各個事件的連結關係，你就會對自己更有信心，肢體語言也更加活躍，不論是與朋友見面、自我介紹或參與會議，或者以主管或創業主的身分演說。你不用再假裝鎮定，深怕洩漏內心的慌亂。你變得更加穩重，不再那麼緊張焦躁，一講話就狂眨眼睛或揮舞雙手。每當要講述自己的人生故事，內心都會更加安定。

相反，若你不肯創造巔峰故事，就會繼續在海灘上挖同樣的溝槽。你明明有自己的特色，卻總是在講述老掉牙的故事，溝槽越挖越深。你的人生經歷被埋在泥土、樹葉及灌木叢下，你總是心緒不安，因為你並未道出真實的自己。

商務場合

人們聆聽你的巔峰故事時，除了了解你平日的個性，也能由此得知你在工作上的表現。每個人的經歷都包含與他人互動的過程，因此聽眾不光是分析數據，諸如「貴公司的資產負債情況如何」或「投資報酬率多少」。只要分享人生故事，就能拉起人與人之間的連結，讓商務交流更加有人情味。

無論是參加實體或線上會議，我們都希望彼此的互動能更密切，從人性的角度去完成這份工作。雖說如此，但難題仍在於，要怎麼形塑、整合自己的人生故事？

在開始研發巔峰故事法時，我去請教哈佛大學心理學家霍爾．加德納（Howard Gardner），想知道故事在商務場合中的功能。加德納教授以其「多元智能理論」聞名，並提出「決勝未來的五種心智」（Five Minds for the Future）。

加德納指出，每個人都必須培養這「五種心智」：

- 為習得一項專業而需具備的「修練心智」（Disciplined Mind）
- 為整理大量資訊而需具備的「統合心智」（Synthesizing Mind）
- 為探究新現象及未知領域而需具備的「創造心智」（Creating Mind）
- 為欣賞人與人之間差異而需具備的「尊重心智」（Respectful ind）
- 為履行公民義務而需具備的「道德心智」（Ethical Mind）

加德納清楚地指出，巔峰故事法的價值在於，商務人士能用它來整合知識、進行交流與推廣創意。他認為此方法非常重要。他寫道：「對商務人士來說，資訊整合至關重要，而且必須能有效地向他人傳達。從教育的角度來說，商務人士需要一套方法來學會整合資訊，並能與各種背景的專業人士交流。」

而巔峰故事法便具備加德納所建議的條件：步驟、系統和流程，有助於商務人士去統整出個人的價值。

創造自我價值

在商業活動中，話講不好，往往就沒有下次機會了。當然，只要再給你三次機會，你一定能把故事講好。可惜的是，沒人會說：「你這次表現得不好，但你明天可以再來面試一次。」也沒有客戶會說：「你的產品介紹很糟糕，但沒問題，你下週再來一次。我很樂意空出時間，你還可以提前來我們會議室排練。反正我上班沒事做。」

你必須做好準備，才算是尊重你自己的人生，以及尊重即將與你交談的人。為了不浪費他人的時間，你要給他們一場精彩表演，與他們分享你的人生大戲，包括你的過去、現在還有未來。總之，用人生經歷說個好故事。

此刻，你將開始重新訓練故事肌肉。你一定能敏銳地覺察到，人生中某些經歷能顯現自己的人生道路，並構築自己的未來。

一旦你找出這些人生片段，便可將它們拼湊起來，不過需要花一些時間。接著你會躍躍欲試，想快點登台演出，但請先花時間做足準備——畢竟上台後，便回不了頭了。

現在，請仔細尋找創造你人生價值的經歷，例如克服某個難關，或與他人合作時發揮了創意。你找到的越多，注意到的就越多，就像你買了一雙新款的鞋子或一輛新車，便會開始留意路上有多少人跟你有一樣的眼光。

找出這些例子，就能證明我們的選擇是正確的。這是一個正向的循環：提高覺察力與專注力，就能得到聽眾的回饋，並證明自己整理故事的能力。這就是巔峰故事法的效用。你的專注力會提高，呈現自己的故事後，就能得到回饋。

決斷一瞬間

電影與影集都是故事，但為何我們要先看預告？這樣才能判斷節目是否值得一看，劇情是否吸引人。

有趣的是，我們下判斷的速度還真快。通常看個一兩分鐘的預告片，就決定要不要看下去。這就是我們做出購買決定（Purchase Decision）的方式：一兩分鐘內決定買或不買。

你為什麼買下此書？也許是因為標題，也許是因為作者簡介：「雷貝洛博士曾指導職業球員。」總之，你被某個因素打動了，才買下此書。你只讀了一兩百字，就決定要讀完其餘的七萬字。

順帶一提，我在書名和簡介也花了非常大的功夫，因為它們是說服你此書值得一讀的唯一機會。電影預告片也是同樣的道理。與別人分享自己的人生故事，實際上是在向他們展現你的價值。他們因此願意投入時間或金錢，或把你介紹給某個老闆或潛在客戶。

用故事說服對方，令他們相信你的價值，進而為自己帶來機會。

自我決定論（Self-determination Theory）

研究顯示，大多數的人們都希望在工作上受到重視，也想要從事有意義的工作並實現自我。

不過，要如何找出具體的方法，有意義地表達自己對工作的想法？只要懂得說出自己的巔峰故事，就能在職場上發揮優勢；講不出來的人只能人云亦云。講出來，便可發揮能動性（Agency）及自由意志。你將開始創作自己的人生，並積極地參與其中。

以巔峰故事展開的「自我創作」與心理學上所謂的「自我決定論」完美契合，後者指的是從生活中創造事物的能力。

自我決定論包含三個部分：自主權（Autonomy）、歸屬（Relatedness）及專業能力（Competence）。這個領域的頂尖學者發現，人們都想要心理健康及感覺良好，也就是基於正向的動機去追求成長與各方面的福祉。在基本條件上有所選擇，這便是自主權。然後，我們想要與他人建立關係，並有某方面的專業能力。

在下一章，我會帶領你逐步找出這三部分，之後你在分享故事時，就能獲得肯定。

練習　當個專業的聽眾

這是第一個真正的練習。這不是一件苦差事，但需要一點努力，你需要採取不同於以往的思考方式。你會需要一點時間適應！

透過這項練習，你能深刻覺察到各種人生故事，包括他人講述給你聽的。這時你會變成人類學家，去各地做田野調查。你也可以想像自己是剛降落在地球上的外星人，試圖透過觀察和聆聽來了解人類的一切。

首先，選擇一個可以默默聽人說話的場合，包括參加大型會議、搭乘交通工具、坐在咖啡館或辦公室等，也就是人與人互動較密切的地方。理想上，人們都會在這些地方介紹自己，或與朋友更新近況。如果在現實中難以找到這樣的場合，就從電視或廣播的訪談節目找尋靈感。

聽聽人們怎麼說故事，包括開口的時機，在講電話、視訊會議或面對面交談的哪個階段會談起自己。哪種類型的故事能吸引你的注意力？哪些橋段會讓你心不在焉？用棒球來做比喻，有些人可以不斷擊出安打、投出好球；有些人一再揮棒落空、失誤連連，甚至連上場的機會都沒有。

你可以更進一步觀察講者與聽眾的肢體語言，是否看到有人分心或不耐煩？透過這些觀察，你有更加了解人性嗎？哪些故事能建立連結，怎樣的故事又非常空洞？在日誌裡，列出這些故事的細節與特徵。

現在你可以調整社交雷達，開始偵測美好的人生故事。

Story
Like You Mean It

CHAPTER 2

你很重要

諷刺的是，

人類迷路時反而跑得更快。

心理學家，羅洛・梅（Rollo May）

過去，有權力的人才能講述人生故事。

回想一下，我們只聽過老師、校長、管理者、政治人物或名人在講故事，也就是掌握某種權力的人。他們掌控了會議，何時開始、何時結束，誰有機會發言。

如今情況不再相同。二〇一四年，企業管理公司韋萊韜悅（Willis Towers and Watson）做了一項調查，他們發現，今日上班族所追求的目標不只是薪水或升遷，而是有意義的工作。

歡迎來到新世界。在職場上，員工已不再是附屬的角色；相反，每個人都有發言權了。在大專院校裡，學生的意見也變得更重要了。基層員工與管理者平起平坐，有時甚至更強大。

人生故事很重要

既然每個人都有發言權，都能講自己的經歷和意見，那你的故事就更重要了。

由上而下的階級消失了，每個人都有機會講述自己的人生故事。在新世界裡，每個人都是領導者。已故的領導學大師華倫・班尼斯（Warren Bennis）說：「成為領導者，就是成為你自己；就這麼簡單，但也就這麼難。」但我們會讓這件事更容易一些。

我很喜歡班尼斯的這句話。因為領導者有莫大的影響力，而影響他人只有一種途徑：溝通。這意味著，只要學會有效的溝通方式，就能成為領導者，同時也能成為自己。

這就是人生故事的美妙之處：幫助我們認識自己、成為自己，並向他人介紹自己。

透過巔峰故事法，就能拿回講述人生故事的發言權。透過身分認同與人生經歷，我們向世界展現自己，並試圖讓世人接受我們。我們可用顛峰故事法來創造有意義的身分認同，它不是花哨的演說技巧或浮誇的詮釋，而是有技巧地講述人生故事。

我們都知道，講述人生故事能幫助我們更了解自己。幾十年來，亞伯拉罕・馬斯洛與羅洛・梅等心理學大師都不斷著書強調，透過自我表現（self expression），我們才能從自己的牢籠中解放出來。

自我表現是帶有人本主義色彩的方法，它包含自我了解與自我認知等步驟。透過這套方法，我們能以正向的態度幫助自己，有效達成目標，在人際關係中更有覺察力。我們會更會不時問自己：「如何探索自己的能力，才能達成預期的目標，包括工作、面試、升學、升遷等？」

然而，人本主義的概念非常多，有興趣的讀者可自行搜尋。但我可以簡單地總結它的核心精神：「嘿，你很重要。」

你一直都很重要。在階級反轉的新世界裡，社會也更接受這個事實，不會把自我表現當作禁忌。社群媒體興起後，每個人都有自己的平台，用修整後的照片或貼文呈現自己的人生故事，展現自己的特色。

使用社群媒體來投射某個版本的自己，心理學家稱之為「暫時身分宣告」（Provisional Identity Claim），要讓看到照片或貼文的人對你產生某種片段的印象，雖然他們見到你本人或更深入認識你時，這個印象可能會改變。暫時身分宣告不能呈現你的全貌，只是在表示：「我覺得這樣蠻酷的。」

看看朋友們的網路貼文和照片，除了「這樣蠻酷的」之外，還有更深的意義嗎？那些內容都很瑣碎，正如你在旅記上寫：「喔，我星期二去衝浪，超讚的。太陽一早從地平線升起，很美！」這不是講故事，只是做流水帳，無法展現你的真實全貌。

連結自我事件（Self-Event Connection）

連結自我事件是巔峰故事法的根基。

自我事件是你人生中有意義的時刻，對你造成較深遠的影響。將自我事件串連起來，就能證明某件事的重要性。人生的方方面面：工作、家人、朋友、娛樂、精神生活都有重大的自我事件。要用巔峰故事表現自我，就必須探究自己的人生，找出自我事件的連結關係，並解析它們的含義。

過去，我們都將人生事件分隔為不同的線道，之間都有不可跨越的雙白線。小時候，父母教過我們不能擅自穿越馬路，這可是金科玉律。但透過巔峰故事法，就能將這些人生道路相連接。過去，領導者總是在不同線道間穿梭，以安排最好的路線。現在不只大老闆有這種特權了，社會更民主了，每個人都可以講自己的故事。

既然成為領導者就是成為自己，同樣的道理，成為自己就能成為領導者，獲得影響他人的權力。

權力有很多種：職位權（Position Power）來自組織內的職位；強制權（Coercive Power）意味著能懲罰不做某事的人；有了獎賞權（Reward Power），就能獎勵有做事的人。這些權力我們不一定有機會擁有，但任何人都可將專業知識融入自己的故事中，也就是「專家權」（Expert Power），只是得透過有效的方法。有效運用專家權，就能獲取參照權（Referent Power），也就是受歡迎、能培養良好的人際關係。領導者兼溝通者都該獲取這兩種權力；沒人想當威逼利誘的老大，這種管理者也不受歡迎。

因此，光是亮出自己的文憑，宣稱自己畢業於名校，有MBA學位以及各種證照，很難讓人留下深刻的印象。這種故事反而比較討喜：「我祖父是大師級的木工，在他的諄諄教誨下，我學到他的一身手藝。」同時又強調了你的專業技能。因此，我們應該從信任的人身上獲得權力，並善加運用。

很簡單吧，每個人都可以掌握這個道理。有些讀者想現學現賣，試著重編人生故事，提出更好的暫時身分。但我們的準備工作還沒好，先別急著在他人面前證明自己的價值。

將自我事件連結嵌入人生故事，就必須回溯過往，找出重要的連結關係，不斷找出自己的特點與價值。

九大人生經歷（The Magnificent Nine）

要連結自我事件並不容易。人生步調很快，我們有成千上百種人生經歷，必須挑出其中一些作為連結的基礎。透過巔峰故事法，就能選出重要的事件。要挑多少個？很簡單：九個。

找出九個重要人生經歷，就有最基本的素材了。只要善加運用，就能吸引聽眾的注意力，讓他們專心聆聽，進而證明你的價值及重要性。

找出這些經歷後，就要進一步檢視、延伸它們的意義，並列出其構成元素，包括你的專長、動機、去過的地點、影響力、周圍的人士。

記得，當作玩遊戲就好，這不是做學術研究，只是要以不同的方式回顧人生。

有亮點的故事

現代人太忙了，所以很少去反思溝通與表達的技巧，只會說：「嘿，我週末去參加路跑，感覺真爽快。」在這些描述中，藏著各種人生經歷，只要懂得挖掘，就能成為有趣的人生故事。這些經歷就如電影預告，能勾起觀眾的興趣。我們需要好好挑選，才能引起他人的興趣，讓聽眾心無旁騖地側耳傾聽。

人生故事不必驚天動地，但至少得引起聽眾的注意，使他們脫離麻木狀態。你想告訴他們，你了解自己的人生，也非常清楚自己的能耐。你對自己的認識就體現於這些令人驚喜的人生故事中。他們以為又會聽到學歷、居住地、家中有幾人等單調的自我介紹，卻聽到你的真實本色。你的故事就像鐘聲一樣，叫大家醒來，之後他們的注意力就不會再飄走了。

人類有個奇妙的社交雷達，即使它已進入待機模式，只要有人說出不同凡響的故事，它就會立刻喚醒我們。在網路上爆紅的影片，多半是製作認真、目標客群清楚，才會引起關注。

現象學方法

挑出人生經歷後，要看看它們的用處，並註明清楚可以放進哪些題材中。我們可以設定評分標準，以列出這些經歷的重要性。有些經歷無法當作素材，但有助於我們了解自己的某些面向。

因此，我們要不時回想人生經歷，並不斷思考其中的含意。

德國哲學家胡塞爾於二十世紀初葉創立現象學，而現象（phenomenon）指的是已發生的人生重要事件。他相信，只要一再審視自己的人生，就能提高對這些經歷的體悟。我一開始把巔峰故事法稱為現象學故事法，便是受到這套哲學理論所啟發。我讀研究所時接觸了現象學，並以此作為研究社會與人生經歷的方法。

從學術角度來看，這套方法很了不起，從實用角度來看更加偉大，其中許多概念都能用到生活中。

每個人都回想過自己的人生經歷，畢竟這是人的天性，但你是否思考過三次以上呢？此經歷你是否寫在日記裡？是否會分析此經歷的構成要素。你是否想過它所涉及的動機、人物、心智肌群（Mental Muscles，如注意力、執行力、毅力）等？你是否運用了領導力、創造力、適應力與分析能力？你是否因此整合了各項能力，成為鼓舞人心的領導者？你是受到刺激才做出反應，還是主動積極發起行動？

當你開始探索自己的人生經歷時，就會探討這些問題。你將會發現，過往經歷非常有價值，你會發現自己具備的本領，並用過往的經歷來創造正能量。

身分內容（Identity Content）

人生故事的關鍵在於「身分內容」，它是由過去經歷形塑而成的。心理學家珍．達頓（Jane Dutton）與同事在二〇一〇年研究了此問題。他們發現，人們透過六種行為來顯示自己的正向身分。他人會判斷當事人的行為是否符合以下六種正向特質，以驗證對方的身分宣告：品德、合群、進取、適應力、不偏不倚、表現優異。順帶一提，這些也是巔峰故事的要素。

他們的觀點簡單又明瞭，我進一步想到，要如何構思故事才能融入這些經歷。每個人都想聽到他人的身分內容，以了解對方的個性與價值，且希望那些內容有憑有據。舉例來說，為了說服法官相信自己的主張，律師會援引先例作為依據。當然你在講述人生故事時，不一定要像律師一樣雄辯滔滔、鼓動人心，但可以謙遜地提及自己的人生經歷與價值觀，以取信於聽眾。

因此，多多分析自己講故事的意圖，才能針對特定的受眾，挑出吸引人的人生經歷，進而得到預期的回應。這樣的思考方式會帶我們走向自我探索，這是世上最有意義的研究工作。

以巔峰故事法構築人生故事，就能提高覺察力。講述自己的故事來能帶許多收穫，包括人際關係更和諧、更懂得臨機應變。因此，你應該多思考自己的意圖，了解自己在某時某地、對某人講故事的情境。

避免千篇一律的開場白

分享人生故事時也要避免踩到地雷。

想想別人如何講述他們的人生故事，當中包含不少話術。「我是這個領域的資深專業人員」、「我成為特許金融分析師已經很多年了」、「我在摩根史坦利工作過」、「恒達理財創立人艾德華．瓊斯是我親戚的朋友」。

用這樣的描述來自我介紹，大概沒有什麼人會放在心上。

從心理學角度而言，這種「電梯簡報」會喚醒聽者腦中的「負面認知劇本」（Negative Cognitive Script），激起他們內心的負面觀感，在潛意識中評判你這個人，或是心裡想著：「天啊，好想睡覺。這人講話真是太無聊了。」

從事類似工作的人，都會使用同樣的說詞，而這種老生常談就會變成負面認知劇本，聽久了就令人痲痺。更糟糕的是，聽者會打從心裡不想面對講者，因而將他拒於門外。

唯有深入地自我探究，才能講出人們願意聽的人生故事，否則你一開口就會引起對方的反感。負面認知劇本的力量有多大，舉個例子你就能明白了。假設你想買車，考慮過豐田、BMW等大廠，也在網路上看了數百篇的討論，接著去經銷商賞車。一進門，銷售員便上前迎接：「要幫您介紹嗎？」你卻回答說：「不用了，我只是看看。」胡說！你當然需要他說明，這就是你到那裡的原因。

但是你敷衍對方，不管這位銷售員是什麼背景或學經歷。為什麼？因為你聽到帶有負面暗示的話語──「要幫您介紹嗎？」這是銷售員千篇一律的開場白。我感到很遺憾，他們都是好人，但之所以被拒絕，是因為負面認知劇本的力量太強大。

實際上，你不會想知道他們為什麼要賣車；你不在乎，也不想聽。因為他們所受的那一套訓練，才讓你產生了嚴重的偏見及錯誤認知。

標出人生藍點

作家葛拉威爾（Malcolm Gladwell）在著作中談及「經驗薄片」（Thin Slice），而我稱之為「錯誤薄片」（misslice），意指當你看著某個人，不會看見他的全貌，而只看到某一部分，且往往是錯誤的那一面，並因此對他做出失準的評價。

若你沒有準備好自己的人生故事，也會得到不公正的評價。因此，當你有自我介紹的機會，或參加重大的社交場合，就要好好準備，把自己的故事講好。

你的外貌、特徵及身分會蓋過你的真實經歷、壓過你說出的話語，留給聽眾一片錯誤薄片。如果你的談話內容與其他人沒差別，更會加深聽眾的負面觀感。

你本來有機會讓大家認識自己，但你搞砸了。

然而，想講好人生故事，就得付出努力。首先，要找出自我事件的連結，看看哪些經驗形塑了現在的你。而我的說法是「標出人生藍點」。

之前我在上課時，會在白板上畫出巔峰故事的架構，並用藍色麥克筆來標出重大的時刻。我很喜歡藍色，它讓我思緒奔放、腦中畫面清晰可見，並感覺人生很美好。我的學生也因此稱這些重大時刻為「人生藍點」。

聽起來很酷吧？

也許你有一百個人生藍點，但只要先挑出九個，而每次以三個為素材。當你的巔峰故事愈來愈精彩，就會用上其他藍點，因此它們也很重要，但第一階段只需用到三個。

你也許目前找不出自己的人生藍點。無需擔心，我會一一說明，讓你從人生經歷的大海中找到三個藍點，以作為說故事的素材。此外，不要每次都講一樣的故事，針對不同的場合與地點，要有不一樣的選擇。

故事的結構也可隨情況、聽眾而調整，要能呈現特定的背景與人物特色，就像一部客製化電影。舉例來說，我去軍隊演講時，就會分享自己就讀拉薩爾軍事學院（LaSalle Military Academy）的時光，但如果交談的對象是藝文人士，那麼我的故事重點就會著重於自己的藝術啟蒙與品味。

因此，你不必每次都用相同的藍點來講故事。不過，若你喜歡重複說也沒關係，只要說得精采，就能表現出你的一致性與特點。有時我們會聽到某些專家重提某段人生經歷，但不會覺得很厭煩。不過，若對方只是一再強調自己的職位或學經歷，就會變成陳腔濫調。一再述說自己的人生經歷，你與這些故事的連結也會更緊密。

講故事的惡性循環

（請看圖一）

我在牛津大學的一場國際研討會上展示了這張圖表，以說明我們在分享人生故事的過程。請注意，「含糊開始」與「一邊思索值得分享的經歷」這兩個步驟非常有破壞性，會影響當事人自我介紹的品質。

透過這張圖表，我們就能了解自我介紹的困難之處。第一堂課我會告訴學生：「在你們自我介紹前，應該都知道自己為何會選這堂課，而這門課是教導大家發展領

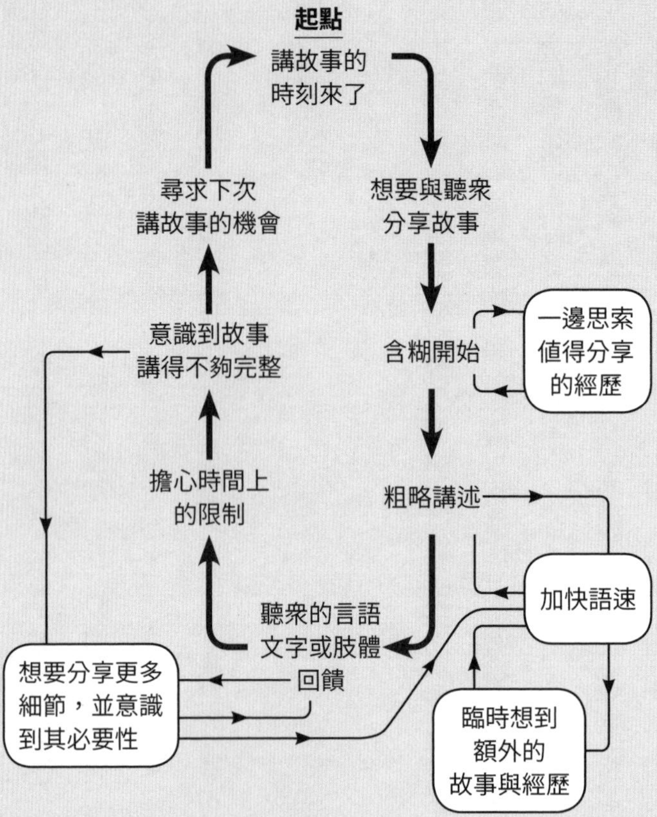
起點
講故事的
時刻來了
想要與聽眾
分享故事
含糊開始
一邊思索
值得分享
的經歷
粗略講述
加快語速
臨時想到
額外的
故事與經歷
聽眾的言語
文字或肢體
回饋
想要分享更多
細節，並意識
到其必要性
擔心時間上
的限制
意識到故事
講得不夠完整
尋求下次
講故事的機會

圖一

導力。」接著我會向他們展示這張圖表。其關鍵步驟就是「思索值得分享的經歷」。只要你能從現在的人生位置審視過往經歷，整理出好的素材，講故事時就不會焦慮，就像開啟自動駕駛一樣。（稍後，我們會講解如何在講故事時保有微調的空間。）

因此，你不應該吞吞吐吐、含糊地開場，粗略地講述故事。這種談話對你沒好處，只會使關係停滯不前。

你可以隨著人們的反應講述故事，列出你的多個人生藍點，讓你的人生故事漸入高潮，從英勇事蹟、合作經歷再到品德提升。這三個橋段構成了巔峰故事，而它們透露了以下的訊息：「我的價值完全符合你們的期待。我的重要性你們也看得很清楚。請注意我的存在。這些故事很有意義吧。你想繼續與我談話，或更了解我嗎？你想僱用我到你的學校或機構工作嗎？你應該看得出來，我就是你想要的人。」

這就是巔峰故事的效用。

練習 回到未來

在鋪陳故事的過程中，能檢視人生各個事件與時刻，回顧自己的人生經歷。不用擔心，這是你從小到大都會做的事，只是沒有講出來或寫下來。

除此之外，你還會自我敘述（self-narrative）。這是一種語言表演，以眞實事件爲基礎，並創造出價值性陳述（value statement）。用適當的方式講故事，人們就會留下深刻的印象，心想：「哇，太棒了。這是一個有價值的人。」同樣，你本來就知道如何自我敘述。正如有人對你的貼文按讚時，你很難不在意，也會感覺良好。那麼，要怎麼看到自己的價值呢？

臉書等社群媒體都會有動態回顧的功能，提醒你這是幾年前的照片。你也可以走老派路線，拿出相簿來回顧一番。你想知道，爲何在過去某個時刻，你會判斷這件事對你的人生很重要，因此留下照片。

請試著找出兩張顯眼或令你印象深刻的照片，並列出理由。它們展現了你的哪一面？在故事日誌中寫下對每張照片的分析，進而揭開更多自我未知的一面。

問問自己：

- 這張照片爲何能展現你的身分？是因爲你所處的場景、正在投入的活動或身邊的人？
- 這是你職業生涯、大學或高中時代的轉捩點嗎？
- 若是遊玩享樂的照片，就回想那時的你是否已完成階段性目標？是否放下重擔、輕鬆度日？還是正在創業、打拚？
- 照片中的你是團隊的一員，還是單獨行動？
- 照片中的你是在爲自己奮鬥，還是在幫助他人？

用這種方式分析過往的照片，就能挑出重要的經歷來構築人生故事，接著再思考呈現的方式。

Story
Like You Mean It

CHAPTER 3

重建人生故事的意義

溝通才能創造社群，
也就是相互理解、彼此重視又有親密感。

——羅洛・梅

呈現人生故事沒那麼簡單。把自己的身分連結到奮鬥的故事，需要花一點時間，但慶幸的是，這段旅程一定值回票價。達成此階段的任務後，就能開始打造人生故事了。

編排故事內容只是一個環節，另一個環節是有效表達。就像撰寫電影劇本一樣，你必須深思、編排講演故事的方式，並考慮聽眾的性質。

在不同人看來，講故事有各自認定的用處。不用擔心。巔峰故事法適用於所有人。只要找出關鍵的經歷，並構建成有意義的故事，那麼無論到哪個場合，都可以自然地說出來。

整理身分（Identity Wrangling）

跟你說個好消息。有人請你自我介紹時，只要直接切入人生故事，就可以擄獲對方的注意力。所以，你不必特別提醒對方，自己準備說故事了。

這個階段的練習為「整理身分」。身分有多種詮釋方式，所以要先統整一番。身分有固定的一面，但也有不斷發展的可能性。每個人都有天生的生理特質，有些個性、才能或思維方式是不會變的，但隨著人生進展，其他部分會有所改變。

社會身分（social identity）和自我認同（self-identity）是天生特質和後天經歷相互作用的結果，而有些人能肯定地說出自己是誰，也有許多人感到很迷惘。但可喜的是，只要握著筆、敲打鍵盤或手握麥克風，就可以成為自己人生故事的導演，要講出哪些人生情節，全都由你來決定。

因此，你可以從頭開始整理身分，包括出生的地點、天生的特質、小學時有什麼專長與志向等。有些人從小就希望受到關注，卻沒有如願，因此開始投入表演，並運用溝通技能、創造力、領導力，成為知名的演說家。因此，就算你天生就沒自信，但只要培養某項專才，改變生活方式，就能贏得掌聲。這就是人類的能動性與自主性。

從過去看到現在，再看向未來，便可想像自己接下來的生活、工作以及人生下一篇章的種種發展。有些人生選項很清楚，但有些未來的畫面必須付出一些努力才能看到。你也許會發現，若要看清未來的走向，需要有多方面的改變，而不是只追求單一固定的目標。有個方法很不錯，就是反覆列出各種期待，例如住在優美的社區、培養不同的休閒愛好（像是健行或衝浪）、養馬或是去非營利組織當志工。把這張清單放在清楚的地方，有空就可以多閱讀。

在現象學上，我們稱這些可能性為「想像的變異」（Imagined Variation）。為什麼要這麼做？在某些情況下，你必須想像或開發人生中有價值或有機會實現的未來（這就是自我創作）。好消息是，你會更了解自己的內在驅力、專業技能、人際交往以及嚮往的工作與生活地點。

當然，這不是社會科學研究，而是你的人生。「想像的變異」是個實用的概念，它有助於我們看到可能發生的情況。你必須基於過去與現在的經歷，想像接下來的變化。你的人生情節會繼續發展下去，並跟之前的劇情前後相應，成為一整套眾人可接受又合情合理的人生故事。

真實案例

我的一位客戶以前是醫學院的學生，但畢業後改讀管理學研究所。如今，他是一家製藥公司的高階主管。

我們開始梳理他的故事。他表示：「我不知道要怎麼提及家父也是醫生；聽起來有點像是在沾他的光。」

因此，他跟其他醫生交流時，不曾說過自己的父親也是同行。他不知該如何表達，也不知道如何將這件事接上自己的人生歷程，讓它顯得合理又可接受。這件事在他人生故事中的意義為何？他離開了醫學院，進入製藥產業，但他不明白箇中緣由。

他猜想自己的工作與父親是醫師有某種關係，但他沒有方法釐清這層連結。

我們一起研究他的故事，並回顧他的人生情節。

過了一段時間後，他說：「我發現自己喜歡挑戰自我、達成目標、創造成果。我喜歡搞定難題。但醫學院畢業後要受訓的時間很長，所以我想以工商管理的角度，為醫學界帶來影響。在業務上，我仍可與父親一樣的人共事，也能以領導者與生產者的身分發揮影響力，包括讓更新、更有效的藥物進入市場。我想在工作上發揮領導與組織籌劃的能力。」

他也表示：「我知道藥廠如何運作，我每天都會監督各部門的情況。經過臨床試驗後，我將新藥推進市場，以實現醫學研究的成果。我的組織籌劃與領導力在這些地方都能派上用場。」

現在，他透過人生故事中找到了各事件之間的連結。人們會認為：「哇！這位先生成長於醫生世家，特別有醫學素養。他進入自己嚮往的製藥產業，在一家不斷成長的新創公司任職，而不是做一份圖溫飽的工作。」

犯錯也是有意義的

透過巔峰故事法，你能將貌似不合情理的經歷融入人生故事，並使這個故事前後相應、合情合理、接受度又高。

再舉一個例子。我有個學生坐過牢。當年他大學剛畢業，有天晚上多喝了幾杯，就跑去偷開路邊的警車。這當然不是個好主意，酒駕、偷車又妨礙公務。出獄之後，這位學生想找一份能幫助他人的工作。

那麼，他要如何在人生故事中合理化這段經歷？

透過巔峰故事法，他就能理解這段經歷的意義。他天生是個探險家，但個性太活潑，行事常常有失分寸。他如此描述這段往事：「我喜歡冒險，也常給自己帶來麻煩。以前我並不明白雙白線的意義，那是要提醒我們『勿隨意跨越車道』。但我就喜歡偏離正軌。」

他開始理解自己的經歷，講述自己的人生故事，並得以向前邁進。現在，他在全國各地演講，聲援無法取得社福資格的受刑人。他還與羅傑威廉斯大學合作，在監獄內開設演說課，教導受刑人如何鋪陳人生故事。

他獲得了理想的工作機會；在獄中擔任導師與輔導人員。順帶一提，我當初便是在受邀在監獄演講才認識他。

總之，透過鋪陳故事，他培養了演講的能力，也進而多方面探索自己的內心世界。他也明白那些過往的脫序行為，都是跟自己的特質有關；它們能推動你前進，也會使你陷入困境。因此，我們要調整敘述它的方式，讓它具有正向的意義。

巔峰故事法對受刑人尤其有效。我的同事詹姆士・蒙泰羅（James Monteiro）獲得了歌手約翰・傳奇所成立的非營利組織贊助，開創了更生校園計畫。透過教育課程，他們協助更生人進入大學和職場，並重新融入社會。蒙泰羅幫助受刑人理解自己的自我評價及形塑人格的重大經歷，透過勇敢、合作和美德三大主題，他們便可說出自己的巔峰故事，而無需借用別人的故事來鼓勵自己。構思出強大的人生故事，一輩子都受用：你會更了解自己、更融入人際關係並達成期望的目標。

創造特點並得到即時的回饋

不管是藥廠高階主管、更生人、移民家庭的學童，還是羅傑威廉斯大學的學生，都透過巔峰故事法都找到了新生活，也更能清楚表述自己當前的身分與認同。

雖然這是一項內在工程，卻能產生外部的邊際效應。最棒的是，這套方法非常嚴密，有系統、有架構，人人都可以上手。

透過巔峰故事法，就能創造個人的特點。非營利組織的行銷人員可以用它來募款，員工可以用它來爭取升遷，而考生在面試時能展現自己的特長。對於脫口秀演員來說，巔峰故事法所帶來的效果更能讓全場觀眾哄堂大笑。關鍵就在於聽眾的參與感，你用故事和所有人產生交流。

在練習的過程中，你會驚喜地發現，聽眾會立即給你回饋，讓現場氣氛進入正向的循環。這麼多年來，你已經習慣說話沒人理，因為不管到哪個某個場合，你都在講那個枯燥的故事，喚醒聽眾的負面認知劇本。就像某些主管總是在講八百年前的豐功偉業。他們永遠也得不到回饋，因為沒有人會說實話：「老闆，你講得有點無趣，我們八百年前也聽過了。」

添加個人特色，就能創造獨一無二的人生故事以及談話風格。自在、優雅並開朗地講自己的故事，也有助於你找出過去真實又正向的經歷，繼而給自己帶來信心。這些情節從腦海轉移到紙上，又或者傳送到他人的耳朵中，就會鮮活起來。

實話實說，別捏造假情節

某些形塑自我的經歷與要素，其實無法展現我們最棒的一面。最好不要公開，對吧？

千萬不可。別在經歷上撒謊，巔峰故事價值在於真實性；他人無從質疑，你也能對它有信心。與其說謊，不如淡化細節就好。當然，若有些經歷有違聽眾的價值觀或不合故事主軸，是可以輕輕帶過，過度強調的話，就會破壞故事的正向價值與主張。若你某段人生經歷非常精彩，但當中有些負面的細節，那就多強調正面的部分就好。

以那位偷開警車的學員為例，他可以如此反省道：「幾年前我的人生一度停擺，那時我行為脫序，還想挑戰社會規範。坦白說，我偷開了別人的車。我不是為了錢，只是想胡鬧一番，看看事情能搞多大。我因此惹上了大麻煩，並造成許多人的困擾。」如果他在校園演講，就不必講出那台是警車，但如果對象是受刑人，就可以交代得更清楚。這是兩種不同的情況。

因此，講故事時，有些情節要加強、延伸，而某些經歷可以淡化。

當下位置不同，過往經歷的意義也會有所改變

現在，正在標記人生藍點的你也許正想著：「我想講某段人生故事，但不確定適不適合。」

我兒時騎過極限單車，後來我很想搞懂，此經歷跟現在成為教授的關係。這個自我事件與當下生活的關聯性，我花了很多時間去弄清楚，所以我能用合理而流暢方式表達出來。

這個人生藍點（騎極限單車）與創造力、挑戰極限、執行力、單車跳躍技巧有關。我還教過其他的小朋友。現在我明白，我從小就是個老師。每次我講到這一段時，親友總會點點頭：「對，他當過各種老師，小時候還教其他孩子騎單車。」

回想一下某個重要的經歷（人生藍點），然後把它連結到當下或將來的計畫，看它如何成為你成功的基石。

在審視人生經歷時，現下所處的位置不同，其結論也會不同。這些觀點建構於自己的人生經歷，你得試著了解這些細節的意義，並依不同的主題與用途，去發展成不同的故事。

回到我的人生故事，也就是那段玩極限單車的日子。不過我沒有完整交代所有細節，當初會開始練單車，其實是為了贏得校內的體育競賽。這個細節沒有放進故事裡，是因為它無關宏旨。這段經歷現在對我的意義已經不同了。當年的重點在於贏得獎杯，但對於現在的我來說，它證明我勇往直前的個性以及擁有教學的熱情。

企業組織的限制

我做了幾十年企業培訓，才意識到有些人實際上並不想學習。他們只想按時工作、領薪水然後迫不及待地下班。這不意外，我們將企業打造為科層組織，人人各司其職，因此工作內容有點僵化。有些人想做更多，但不能在會議上發言，因為那些權力不屬於他們。

在這種情境下，人們很難對公司有什麼貢獻。正如上一章所述，未來一代的工作動力是成就感而非薪資，但各企業尚未理解這一點。

有些公司學習風氣良好，但多半不是如此。我們仍受制於組織的分工與分化，這就是五、六〇年代以來的企業管理模式。在新冠疫情期間，我們更加了解到遠距學習和動機的重要性，因此有助於改變此模式。

每個人都想要有所表現並建立關係；想要歸屬感、自主性和專業能力。我們希望在工作上做出有意義的貢獻，並獲取名聲。研究指出，員工在就任新職位的前一百天，最有機會創造有意義的工作。之後他們在公司中的角色就確立了。這角色仍然可以改變，但在最初的一百天後，要改變他人對你的印象，改變你在公司中的角色，需付出更大的努力。

把握自我介紹的機會

許多人身處於封閉的環境，始終沒有機會講述自己的故事、樹立自己的價值。沒有人提醒他們：「輪到你上場了。」

但是，你不應被動地等待正式邀請。你的合作對象、交談對象都想知道你到底是誰，所以會開口詢問：「請談談你自己。」

他們給你一點講故事的權利，一定要好好把握；別放棄，總會有一些收穫。

你有能力詮釋自己的人生經歷；你不需要擁有高學歷，或成為哲學家、心理學家。一旦你學會這套方法後，你甚至可以把這本書送人。

我見證過太多成功的例子了。學員們找出人生重要的時刻，努力理解其中的意義，並提出關鍵問題。然後他們會說：「啊，難怪我一直覺得這件事很重要。我之前從不明白。」但現在他們明白了。

我們將在下一章繼續解說。前面已提到幾個例子，以說明人生故事的重要性，還有人們如何用巔峰故事法取得卓越成果。現在是時候逐步檢視此方法了。

坐上賽車，繫上五點式安全帶，有時路面會很顛簸，但你會很安全，因為我們有合適的工具，也就是巔峰故事法。準備好筆記本了。現在，我們出發吧。

練習 拆解符號

在此練習中，你可以透過符號互動論（Symbolic Interactionism）來思考自己的人生故事。

符號互動論是個學術詞彙，指的是每個人天生會做的事。有些物品與某事件或時光相關，我們就會賦予其意義，例如出國旅行的紀念品或小學用過的棒球手套。這些物品與自身密切相關，所以意義非凡。

現在來練習吧。

當你閱讀這本書時，無論你坐在哪裡，請環顧四周，不管是在自己的書房、公車站或大衆交通工具上。請挑一樣視線所及的物品，而且你今天想與它互動。雖然它無生命，但我不是要你爲它發聲，而是挑出讓你有感的得東西，並且能代表「你是誰」。

這樣東西有時會自然地浮現，但有時得發揮一點想像力。堅持下去，不要放棄尋找。不管是電扇、麥克風、手錶、檯燈、照片、健身器材、便利貼、橫布條、畢業證書、印表機、喇叭、馬克杯、背包、領結、鑰匙圈、舊雜誌都可以。

應該不難找到吧？現在我們要增加難度了。

現在要讓你的意識漫遊到其他地方。閉上眼睛，想著這件代表你是誰的物品，而它出現在你人生中的哪個重要階段（比如青春期，或找第一份工作的時候），形塑了你哪方面的個性。

有些學員選擇了足球、運動鞋、棋子、棋盤和紙牌。我則是挑了自行車，因爲它給予我自由。有了它就可以到離家更遠的地方探險，還能參加比賽，在同學面前展示我的技能。

你可能想選幾樣物品，但挑一樣就好，這樣才能集中注意力。

接下來，請拆解符號（物品）：問問自己爲何選它，它會讓你想到什麼？它代表什麼？回想一下在哪些時刻，它與你有深度的連結。在人生中，你是何時開始注意到這個物品？何時開始看到它？如果你在精神上飛回這個物品的過去，會看到什麼？它與今日的你有什麼關係？

你應該成功了吧？就是這麼容易，因爲符號可以助你想起過去的時刻。我們生活在物理世界中，物體與符號比語言早出現。它們能助你找到有意義的經歷和表現。

在日記中寫下這個符號，畫出來也不錯，然後記下相關的問題和答案。

我們通常與重要的事物很疏離。不過，只要放慢步調，就能看到它們與某些事情的關聯性，讓你更加確認自己的身分。這些元素能會爲你的巔峰故事帶來更高的價値。

總之，你成功打開大腦了。眞棒！感謝參與！

Story

Like You Mean It

CHAPTER 4

無論扮演哪種人生角色，都有值得說出來的故事

經驗本身並非科學

胡塞爾

每當有人突然要求我們講自己的人生故事，我們都會尷尬、遲疑，接著開始結巴、語塞，就像大腦在人生資料庫中東翻西找。想講個故事來取悅面前的聽眾，卻覺得壓力山大：這一生的點點滴滴太多，到底要講哪一段最好？

人們通常得花一段時間，才能找出與聽眾最有連結的人生經歷。要在有限的時間內檢視一生，大腦會轉不過來，於是我們在現場會感到非常尷尬。

透過巔峰故事法，你就能避免這種崩潰狀態，讓你有機會分享有意義、主題清晰的人生故事，呈現你自己的多重樣貌。

那麼，該講什麼故事？首先要了解，不同的經歷在人生中有不同分量，它們之間有等級之分。探索並連接這些經歷，就能創造一個強大的人生故事。講這個故事就像在畫肖像畫一樣，告訴大家你是誰，不管是對你或聽眾，都是很有趣的事情。

不過，我們有如此多經歷可分享，如何分出它們的等級？好消息是，一九四〇年代便出現了一套可實際應用的理論架構。

馬斯洛的需求層次理論

修過心理學課程的人，一定都知道人本主義心理學大師馬斯洛；就算未修過心理學，也一定聽過馬斯洛需求層次理論。這位心理學家用了畢生心血在研究人類的行為動機，並簡化為好記的理論。

馬斯洛認為，人類的行為及感受是基於需求的動機，而為了實現人生，我們有五個需求階層。後人將這套理論畫成金字塔，底部是包括食物和居所等基本需求，最終則是自我實現。

（見圖二）

馬斯洛的需求層次理論

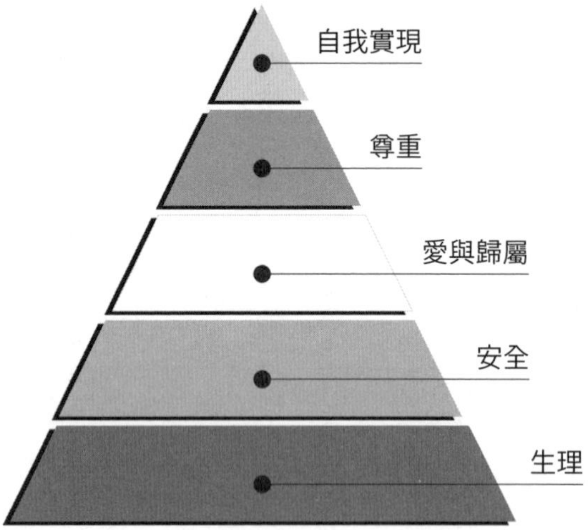

圖二

想像一下，就像在野外求生實境秀中一樣，你被丟到一片荒地。你第一個想法不會是結交新朋友，而是尋找食物和水。基本生理需求是馬斯洛金字塔的底層：食物和水。接著，你會確保人身的安全感，包括有地方可以遮風避雨，能好好睡一覺以及不會被攻擊。有了這些保障，你才能適時休息，恢復精力。

第三階層需求為「愛與歸屬感」。回想在求學階段或剛進職場、轉換工作時，我們都會覺得自己格格不入，有時感到孤獨又難受，因為還沒融入團體。

馬斯洛指出，在滿足了生理需求後，人會開始期待「外化的社交需求」（Externalized Social Needs），例如愛與歸屬感。第四階段，我們會開始追求內化的需求，自尊與自我肯定。最後到了第五階層，即金字塔的頂峰，便是知性上的滿足，包括道德、靈性和創造力。這就是人類發展的所有潛力。

巔峰故事四線道

對於需求層次理論，人們有多種解讀方式；但本質上可以分為三層：生理安全、社交以及自我實現。

我以此根本架構為基礎，將我們已知的三種故事主題（勇敢、合作及美德）由下而上分層，成為巔峰故事的架構。

而你身為自己人生的研究員，得自己從每一層次挑出適合的經歷，在不同的場合分享給聽眾。這是你自己該完成的任務。在本章末的練習中，你將選出自己的人生重要時刻，也就是所謂的人生藍點。

請看以下巔峰故事的四線道（圖三）；上面還有幾條線道，代表我們一生中所扮演的不同角色。

工作與教育（學生、老闆、團隊負責人）；家人與朋友（父母、照顧者、伴侶）；娛樂與愛好（運動員、收藏家、藝術家）；靈性與自然（冥想者、思想家、敬神者）。

透過巔峰故事四線道，你就能挑出人生藍點，找出要在人生故事中提及的經歷。本章末會有更具體的練習。首先我會說明，如何結合你的人生藍點並創造巔峰故事。

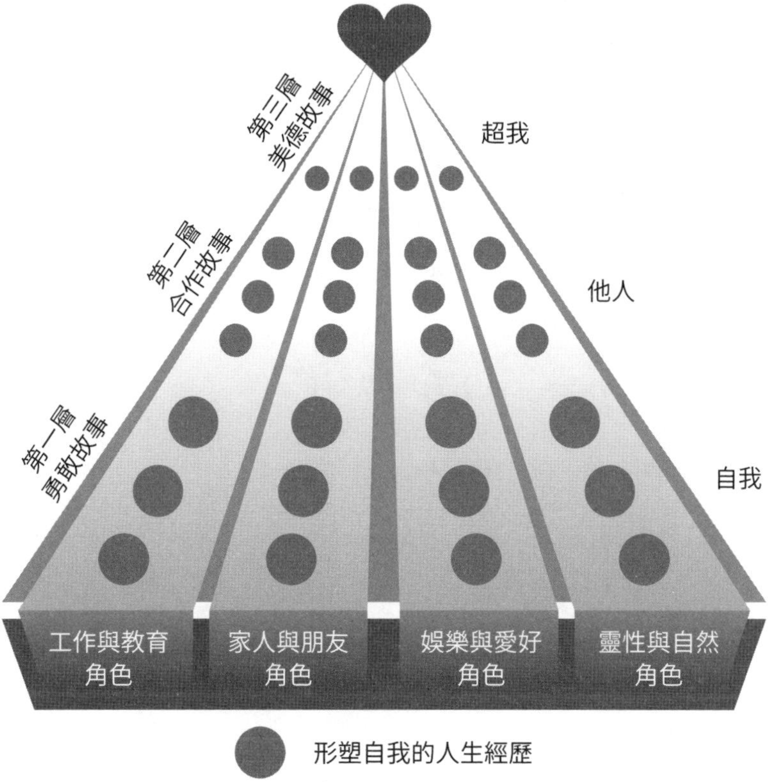
第三層
美德故事
超我
第二層
合作故事
他人
第一層
勇敢故事
自我
工作與教育
角色
家人與朋友
角色
娛樂與愛好
角色
靈性與自然
角色
形塑自我的人生經歷

圖三

找出自己的人生藍點後，會將它們妥善分配在此圖的層次和線道上。你的人生是由這些不同的元素所組成，請依此標出藍點。不用擔心藍點太多，只需找出形塑自我的經歷就好。藍點最終會落在某條線道（工作、家庭、娛樂或靈性），它們有各自的用途。你能將不同藍點組合成令人信服、會帶來共鳴的故事，並在適當的時機分享。

關鍵在於整合。如果你是高階主管，準備迎接新員工加入，那麼對他們而言，「你是個怎樣的父親」確實是有用的資訊。如果你的新同學喜歡戶外活動，那麼你的露營經歷就是有用的資訊，從中可以顯露出你合作的態度。巔峰故事有四線道，每個故事也不只有單一用途。

人生故事的分類

我是一名工商管理與職涯顧問，也是學術工作者，而這兩份職業有交疊之處。前來找我諮詢的對象包含學生及上班族，從青少年到老年人都有。他們在人生中扮演不同角色，各種經歷也存在某些關聯。我在青少年時期教別人騎極限單車，所以才可能成為大學老師。在我的研究中，我探討了各種理解人生經歷的方式，並歸納出三類故事：勇敢、合作與美德。

勇敢故事

實務上，我協助人們講出自己克服障礙的人生故事；每個人都是英雄。我們都想聽到別人說這樣的故事，也希望分享自己的英勇故事。我們都曾克服障礙，都有勇敢的一面。這些故事代表著我們能克服困境，它們體現了我們的力量、勇氣及毅力，又讓我們懂得肯定自己。

你身而為人，在地球上的首要任務就是保護自己。就算你不是拯救世人的大英雄，勇敢故事也證明你能克服眼前障礙、突破極限。神話學專家坎伯（Joseph Campbell）指出，許多偉大的文學故事都在描述「英雄的旅程」，但這不光是指電影或小說中的超級英雄。事實上，勇敢故事的內容包括：

- 身體受傷或承受病痛的經歷
- 培養專業技能的過程
- 出國學習外語的經歷
- 走出離婚的低潮
- 勇敢說出沒人敢說的真相
- 適應新環境
- 運動和體能上的成就
- 對抗霸凌者
- 放下對某事的執念

基本的生活條件受威脅時，每個人都會變得更加英勇。這些經歷位於巔峰故事四線道的起點，相當於馬斯洛需求層次的第一、二層。

合作故事

唯有展現英勇搏鬥的精神，才可能接到他人的合作邀約。證明自己的堅毅、恆心與勇氣，他人才會想與我們共事。有些人會跳過勇敢故事，直接講起合作故事，就像越過馬斯洛需求層次的第一、二層，直接跳到第三層。

直接切入合作故事的話，會令聽眾感到無憑無據。「我是創業高手，跟同仁的合作非常融洽。」這只是空話，無法說服他人，所以你必須從勇敢故事開始講。

比如說，你可以先談自己在大學時研讀管理學，課餘時間去某些商店打工，還學會了記帳，那麼聽眾會開始猜測：「這個人有恆心及意志力。他能在不同的環境中工作。與他合作對我們有利，他應該能創造價值。」

我在研究中發現，合作故事是巔峰故事階層的第二層，反映出馬斯洛所提出的愛與歸屬感的需求。然而，有歸屬感還不足以說明合作能力。舉例來說，你身為某家公司的員工，但還要能與同事創造很棒的產品或服務。合作的特點是溝通、組織籌劃及保持靈活，你要能向他人表達自己的想法，讓他們留下深刻的印象。

熟悉運作流程、把工作組織得更有條理，才叫做合作。控制、壓迫同事不算技能，只是霸道不講理而已。

巔峰故事四線道的中段為「歸屬與合作」，其關鍵在於：與他人積極互動、創造成果，比如完成學校作業、創業企劃書、行銷方案或非營利組織的發展策略。家人共同找出照顧長輩的最佳方案，也在這個範疇當中。

回顧合作經歷，我們就能更加意識到，自己想與什麼人合作。就算是失敗的合作對象，也能給自己帶來一些教訓。這些經歷有助於找尋新的合作對象以及未來想承擔的任務。我們也能發現自己需要改善的技能。

美德故事

合作經歷能助我們奔向巔峰故事四線道的末端。回顧過往，將勇敢經歷連上合作經歷與未來的藍圖，就能站上人生最佳的擊球點。你可以告訴自己：「我熱愛這份工作與正在做的事，以及我現在的經歷。這感覺就像處於巔峰時刻。只要一遍又一遍地投入生活，就能發現更真實的自己。」大多時候，這種感覺轉瞬即逝，就像早晨咖啡的香氣一樣。我們瞥見自己最好的樣子，以及心之所向的終極目標。

在思考這些經歷時，就能釐清不想做的事，從而解放自我，追求心中的目標。

在巔峰故事四線道上，最低層的藍點是你克服的障礙，它們使你變成自己故事裡的英雄，並為你帶來有實效、有挑戰性的合作機會，以及人際關係中的歸屬感。於是你做好準備，邁向未來，體驗實現美德的時刻。

就像馬斯洛的需求金字塔一樣，巔峰故事也是具有由下至上的層次：自我、他人、超我。

人生中有些經歷會帶我們向上攀升、邁向自我實現的高峰。你會成為具備美德、發揮所有潛能的自己，而巔峰故事法能助我們找出這些經歷。只要量身打造自己的溝通模式，講述真實的人生故事，在職場上就能更自在地發揮。聽眾跟著你進入巔峰故事的旅程，來到了現在的位置。你證明自己有價值、選擇了正確的工作並學會某項專業。

透過巔峰故事，你向眾人解釋自己的奮鬥歷程。你發揮自主性，在某時刻參與某項任務，進入你現在所處的工作領域，實現自己故事中的某個「想像變異」（現象學中的創造性思考法）。

巔峰故事會隨時間而累積。勇敢經歷通常發生在年少時期，已是過去式；合作經歷發生在近期；而美德故事將出現於不久後的未來。但故事不會結束，你即將開啟下一章的新旅程。

參加科展的經歷

請再次看看巔峰故事四線道，人生無數的經歷可分為四種人生角色：工作與教育、家人與朋友、娛樂與愛好，以及靈性與自然。有了這四線道，你就更容易消化這些經歷，培養最終的美德，並投入更多時間做熱愛的事。

不追求自己熱愛的生活，就太可惜了，對吧？

成就美德不代表你得辭掉工作。只要在你所處的位置，做點微小的轉變，就能徹底改變感受、工作與生活方式；這些改變也會影響你講人生故事的方式。

四線道圖提醒了我們，從勇敢邁向美德的歷程，不只跟個人成長有關，也是職涯發展的階段，更是個人故事的主軸，在銷售、領導力開發或參加面試時都能用上。有時我們也能橫越各線道，不受限於特定的人生角色。

先想想自己克服困難的經歷，比如參加校園科展。我成長於傳統的天主教家庭，一點小錯就會受到批判及懲罰。所以我進入學校後，總是害怕犯錯。後來我鼓起勇氣參加科學展覽，以激動人心的口條講解自己的作品，這就是我的英雄事蹟。現在我明白了，我的勇敢不在於呈現科展作品，而是找到與大人溝通的祕訣：在公共場合講話不會口吃、也不會信心不足。

那年夏天，我獲得了州冠軍，並獲邀參與布魯克海文國家實驗室的國家級計畫。隔年我又贏了，並參加了國家青年科學營計畫，在西維吉尼亞度過了那年夏天。科學成為我前進的道路，但不光是跟職涯有關。科學是我與聽眾交流的方式。不管怎樣，我的勇敢經歷帶來了許多合作機會。

創作自己的人生

不管是在研究或顧問工作中，巔峰故事四線圖都很容易理解，讓我們在不同的場合分享勇敢、合作以及培養美德的故事。說故事時，我們有時會調整人生藍點的著重程度；適時組合不同的勇敢、合作和美德故事，便能不斷創造新的巔峰故事。

坦白說，每當有人談到自己最近在忙什麼，或在自我介紹，我們都會希望他的話內外一致，否則就只是在浪費你的時間。他從一開始就該闡明，他本人的特質與他選擇的事業相符。

若你在做的事是為了實現非凡的目標，那就能堅定地表達立場。你向聽眾證明，你反思過自己的一生；你的自我覺察顯現了你的高情商。你回顧自己的經歷，再依此做出重大決策。聽眾在不知不覺中便會認定你的自主能力很強。

這就是自我創作的精髓，它能呈現你勇敢的一面。也許你當初面對的情況沒有正解，過程也很顛簸，只要有正向的結果就好。最終你看到自己有能力領導眾人，還能分析狀況、發揮創意去解決問題。

我在自我介紹時，會先分享一個勇敢故事及團隊合作的經歷，並講述它們如何帶領我走向現在的事業和接下來的計畫。一方面，聽眾會專心聽講，而我也與過去的我、未來的我有更深的連結。

因此，巔峰故事法的確有實效。它有學術根據，再加上領導力開發、演說技巧以及我的教學經驗，於是最終發展成形。這一套理論有其道理，實際應用時也奏效了。

你也能以此方式繪製自己的人生歷程。將人生故事分成三階段（勇敢、合作、美德），每個階段都包含多個藍點，當中的要素有動機、能力、人員和地點。接下來讓我們細看這些藍點及其含義。

練習　收集人生藍點

是時候來構思你的人生故事了。請先找出自我事件的連結和人生藍點。

請再看看巔峰故事四線道（圖三）。

上面有三種故事層次：勇敢、合作、美德；還有四條人生角色線道：工作與教育、家人與朋友、娛樂和愛好、靈性與自然。

接著回想不同類型的故事。

勇敢故事：你克服了某個人生障礙，站穩腳步，並形成巔峰故事的基礎。

合作故事：你與他人共同創造一些東西，包括產品、計畫或解決方案。

美德故事：你熱愛自己做的事，也許是不久前的經歷，也許是對未來的想

像。這個畫面也許只是一閃而過，還不夠完整，或你還在發揮創意的初期。

熟悉了這些故事類型後，就可填入你自己的經歷了。希望每個類型你都能找到三個故事，不管是從哪個線道挑出來的。其實，三個就好了，重質不重量才是王道。

想要放鬆大腦的話，可先列出一長串的故事清單，然後再刪減。你的故事結局不必都很正向，只要能從中找到正面的元素就好。接著檢視這些故事，看看它們是否符合勇敢、合作或美德等主題。這有助你縮減故事的數量。

最終，每種故事類型都留下三個就好。

請記得，一定要確認故事的真實程度跟因果關係。英勇事蹟點燃了合作機會的引線，接著在美德降臨時大放異彩。你開始鋪陳故事，看到各個自我與事件的連結，包括跟家庭或工作相關的回憶。

現在，你該來找出九個人生藍點了。將它們記在日誌的空白頁上。建構你的巔峰故事時，這些藍點會派上用場。很有趣的，試試看吧！

Story
Like You Mean It

CHAPTER 5

沒有細節的故事
就像空殼

我必須達到內在一致性。

——胡塞爾

現在，你已找出自己的人生藍點，這些形塑自我的經歷將成為你巔峰故事的基礎。接下來，我們要找尋其中更深遠的意義，包括它們彼此之間的關聯。

因此，我們將炸開各個人生藍點，挖掘其中的要素。人生經歷大多不是單一的事件。而是有不同組合要素。所以我們需要一套有系統、有條理的方法來檢視自己的人生。

巔峰故事印章

為了分析人生藍點，我想出了這套方法。要把人生藍點轉化為故事素材，這是最佳方法。（見圖四）

如你所見，此印章圖有四個部分。人生有如此多個故事和經

圖四

歷，但每個人生經歷都能拆解成四個要素：

本領：在某段經歷中，你所展現的優勢或能力。

動機：做出某行動的理由。

人物：故事中的相關人士。

地點：此經歷發生的場合。

動機、人物和地點這幾個要素皆一目瞭然，但本領就需加以說明。

大腦的八種本領

大腦就像中央處理器，能在不同時間展現各種強項、才能、專長或本領，我稱它們為「心智肌群」。就像身體肌肉，心智肌群也有特定的作用；而不同的心理肌群負責不同的任務。

當然，大腦的能力千變萬化，為了簡單起見，我將心智肌群（大腦本領）分為八類。我的故友羅伊．霍蘭（Roy Holand）生前在香港理工大學做研究，他指出，大腦本領可分為四組對比的能力（也可視為光譜的兩端）：

領導力／容受力（Receptivity）：前者能影響他人及引導自己；後者則包含同理心、開放性和情境感知力（Contextual Awareness）。

適應力／區辨力：前者是保持靈活，能因應環境變化，主動嘗試新做法；後者則相反，是分析、看到細節並加以分類，跟前者有所衝突。

溝通力／組織力：前者是交流想法、統整訊息，接著傳達給目標受眾，對外經營人際關係；後者是對內的籌劃能力，包括統籌、協調、排程，為團隊及公司的營運和業務擬定計畫。

探索力／創造力：前者就是研究力，讓你走出舒適圈，四處遨遊或自由思考；另一方面，後者是用來從無到有製作、創建新事物。

無論何時，心智肌群都與世界發生的事件相連，這些經歷能對應到某些本領。透過巔峰故事印章，你能確定在某人生經歷中所展現的本領及其他要素。

講故事時，適時描述場景的細節

「那是段艱苦的日子，但我挺過來了」，這樣的話大家都不陌生。這種說法太悲觀了，講者也未傳達具體的資訊以及正向的價值。「我挺過來了」是什麼意思？發生了什麼事？是放手一搏或隨機應變？還是你開始展現自我、發揮影響力，成功運用溝通力與領導力？

只要用巔峰故事印章來思考人生經歷，就能以精確的角度來剖析這段經歷，以及它帶給你人生的影響。

分析動機也是如此。金錢、地位、接受命令、需要被關注、責任感或價值觀都可成為動機。為了看出來龍去脈、增添人生故事的色彩，我們還需確認人物和地點。有誰參與？家人、朋友還是同事？此經歷發生在何處？室內還是室外？海邊還是山上？教室裡還是球場上？

有了巔峰故事印章，我們就能精確分析自己的人生經歷。分析技術越高明，便更能挖掘人生藍點中的價值，並在建構巔峰故事時善加發揚。

小學時的負面童年經歷

說個我兒時的故事。上小學的第一天，我心情非常興奮，但因為我的姓氏，於是被分配到葡萄牙裔學童的班級。（到現在我的葡萄牙語還是很爛，問我祖母就知道。）我的姓名讓別人以為我不會說英語，事實上，我的英文很好，都能聽懂導師在講班上學生的壞話。但他們可是我的同胞啊！

我上學時不再興奮，而是感到困惑和傷心。這是一段負面的經歷。

我不想再沮喪下去，不想因此破壞自己的求學初體驗。畢竟，導師會帶我們班一年。這就是我奮鬥的動機，我因此更加渴望學習。

以本領的角度來說，我調降了領導力，但提高了分析力及探索力，以理解這件事發生的原因，並開始專注於課業，以找尋我在學校的歸屬感。

此經歷中的相關人物呢？討厭的老師是一個，但還有父母及其他長輩。老師批評葡萄牙裔的同學，令我非常沮喪，因為我身邊都是葡萄牙人。至於此經歷的地點，就是學校以及教室。

負面的過程也會成為正面的經歷

請再看看巔峰故事印章。中央切成四半，外環部分標著「正面或負面」。每個經歷的四種要素有正面、也有負面的。你可以用此來判斷某事物帶給你能量，抑或抽走你的能量。

舉例來說，對抗老師的偏見，這個經歷是負面的，很傷我的心，而且我還只是個小學生。但是，這事也有正向的一面，我因此更求知若渴，甚至開始幫助那些英語講得比我差的葡萄牙同學。結果證明這是正向的經歷，儘管過程是負面的。

使用巔峰故事印章時，也許會發現相關人物是負面的，但整個經歷本身是正向的。比如說，你看到某人正在被欺負，所以發揮同理心，並勇敢向對方表示，這不是對待他人的合理態度。

結果，此經歷造就了你新人格的誕生，也就是「戰士型照顧者」，或可稱之為「英雄照顧者」。這是個線索，你開始了解自己人生故事中某個主題的起源。這比起簡單地說「那是段艱苦的日子，但我挺過來了」好多了。

但這只是單一經歷的分析，所以先不要得意忘形。這是一段經歷，但它的發展還未明。你所經歷的事情都有潛在含義，必須深入調查才能找出來。接下來，我們將進入心靈的探索頻道，進入自己的內心世界。

你將成為客觀的觀察者。透過巔峰故事印章，你將更有技巧地運用感受與理解力，藉此成為更好的故事創作者，最終成為故事分享者。

記住，並非每個經歷都能成為建構巔峰故事的人生藍點。藉由巔峰故事印章，才能確認是否挑出了真正的藍點。有些人小時候喜歡東奔西跑，這很好，但這屬於娛樂活動，而不是人生藍點。人生藍點會形塑自我，而且屬於特定的時刻。

因此，我們得找出人生藍點，而不是描述某個時光。聽眾想知道令你難以忘懷的特定時刻，以及其突出的原因。

往事的療癒感

我的研究所導師阿米多．喬吉（Amedeo Giorgi）提出一套現象學方法，讓我們透過生活經驗來研究自己的思想。每個人都能從中獲益。透過現象學方法，你能謹慎地自我省思，並彙整自己的人生經歷。當然你不必為了理解現象學而去攻讀博士學位。

任何人都能運用現象學，以判定自己某個經歷的構成要素。透過類似社會科學理論與研究法，我們就能逆向分析自己的人生經歷。

卸下你那裝滿了人生經歷的背包，放到地上，拿出裡面所有的好東西。從中挑選，找到你的本領（心智肌群）、動機、地點、相關人物等。接著你能對自己說：「我找到了某段經歷中的精華，包括行動的理由、具體做法、人物、地點等重要的因素。」

所有行動皆發生在某個空間或地點。環境因素是人們做決定的根據。有些人不喜歡死守辦公室，只想遠走四方。如果他們進行反思練習，可能會發現自己對大自然的渴望源於童年在郊外玩耍的樂趣。又或許他們兒時沒機會遊山玩水，因此想讓子女得到這種體驗。

事實上，你的諸多行為是為了重返過往。因此才會有許多人買老車，重溫小時候與家人一同出門兜風的時光？

人們總是喜歡聚在一起分享彼此的經歷，不管是在咖啡店碰面、在車上談話，討論的主題是旅行或八卦。總之都是很重要的經歷。講故事能使我們在當下獲得歸屬感，因為對方能在你的人生中找到能量或相似的經歷。

因此，許多人才這麼喜歡收集老車、舊手錶、古著，雖然有時是無意識地去做。他們會緬懷的過往時光，其實是有潛意識的原因。不妨花時間反思，跟他人分享這段時光的故事。

在離線的空間回顧人生故事

運用巔峰故事印章時，有獨立的空間非常重要。有些學員寫日誌時會播放背景音樂，或者乾脆到公園找個舒適的角落。一般來說，暫時遠離網路，比較能專心回顧。

在第一章開頭，我引用了瓊斯的那首詩，以描述人們經常在網路上聯繫，實際上卻非常疏離。我們有時需放下電子產品，在辦公室或家裡找個角落，創造自己思考的空間。

巔峰故事印章是有趣的分析法，就像偵探在找尋線索一樣。而且每個人都有這項本領：探索力。

我們用巔峰故事印章來分析人生經歷、建構人生故事，而這套方法是有學理背景的。它幫助了許多企業的領導人、銷售專家甚至於研究人員。它也可以幫助你，請敞開心扉練習看看。

範例：賈伯斯的人生故事

建構了巔峰故事法後，我便意識到，許多精彩的演講都跟這套方法不謀而合。最好的一例，便是賈伯斯於二〇〇五年六月在史丹佛大學畢業典禮上的演講。當時，他身兼蘋果公司與皮克斯工作室的執行長。

賈伯斯當時確實說：「我的第一個故事能把人生的各個點串連起來。」（The first story is about connecting the dots.）

許多人都聽過這句話，卻不明白它的含義。對於某些人來說，它意味著萬事不可預測。然而事實上，他指的是找出人生的規律、軌跡，就如同我們在做的事。

賈伯斯講的第一個故事，是關於他進入里德學院半年後便休學的故事。他還繼續在學校待了一年半，旁聽自己喜愛的課程。這才是他真正想做的，而不是修一些沒什麼意義的課。賈伯斯此舉非常勇敢（人生故事的素材），因為幼年被收養時，養父母皆無大學學歷，他的生母便在簽署收養文件之前，要求他們承諾一定會供他讀大學。

十七年後，他不僅上了大學，還天真地選了一所學費和史丹佛大學一樣貴的。他差點花光藍領階級父母的畢生積蓄，但他們還是願意履行承諾。想像一下他的壓力：對當時的他來說，英勇之舉應是繼續讀大學，不浪費父母的辛苦錢。但他看不到讀大學的價值，也不知道自己要做什麼，所以他留下來，並開啟了容受力和探索力，開始發現之旅。

他那時相當恐懼，且身無分文。他睡在朋友房間的地板上，靠著回收可樂瓶換錢果腹。每週日，他都會步行十公里穿過城鎮，到哈瑞奎師那印度教聚會所享用免費餐點。

有天他偶然走進一堂書法課，並產生了興趣。他學習到各種字體以及書寫的行距和字距。從他當時的生活看來，這項技能毫無用武之處。十年後，他設計第一台蘋果電腦時，書法課便派上用場了。他打造了字體精美、版面有特色的新電腦。

賈伯斯的合作故事起始於他與史蒂夫·沃茲尼克在車庫裡創辦蘋果公司。十年後，蘋果公司的價值達到二十億美元。然後，他遭遇了負面的合作經歷——被蘋果公司解僱。事實上，這是發生在他身上最棒的事，因為他可以放下成功者的沉重包袱，再次成為毫無罣礙的初學者。

他的美德故事是創辦另一家公司——皮克斯工作室，它推出了世上第一部電腦動畫長片《玩具總動員》，並成為影史上的經典。隨後發生了令人驚訝的轉折：賈伯斯回歸蘋果公司，而他所開發的技術至今仍是公司復興的關鍵。

賈伯斯的演講內容連接了許多點。他繼續談到罹癌的經歷。他說，早在好幾年前自己就發現，如果你把每天都當作人生最後一天，那麼總有一天，你真的會迎來最後一天。所以三十三年來，他每天都會照鏡子問自己：「這是我今天想做的事嗎？」

若接連太多天，答案都是「不」時，他便知道必須有所改變了。

找到清晰的目標前，人總有漫遊的時光

看到這篇演講時，我感動落淚，因為它驗證了巔峰故事法的原則。（對我來說，

這也是一個人生藍點！）賈伯斯將人生藍點清楚地連接了起來，畫出了他人生故事的弧線。他展現了自己的真實身分；他是開拓性的探索者，而不是無情的商人。他是創造者，一次次地進入未知領域，不斷地探索，以發現人類未知的寶藏。

賈伯斯發表這篇演講時，已比醫生推估的預期壽命多活了六個月。在鬼門關前走了一遭，他對自己生命的看法改變了許多。但這篇演講的重點並非死亡，而是如何過有意義、目標清晰的人生，儘管他有些日子過得十分脫節。

事不宜遲，和我一起開始探索並運用自己的經歷，踏上人生新旅程吧！

此刻，你看到了巔峰故事法的一線亮光，並將利用這套方法挖掘重要的人生經歷，撢去掩蓋它們的塵灰。你將成為「人生考古學家」，挖掘的過程會有點艱困，但就在表層之下。這跟心理治療的功效有些相似，講述人生故事時，我們會感覺自己更完整，彷彿眼前的霧氣突然散去，人生路徑豁然開朗。

請記住，人生有好幾次巔峰，凡事皆無止境，所以一直都會有素材能建構故事。就像練習慢跑一樣。第一個目標是跑完五公里，等達到此目標時，就可拉長到十公里甚至更長。這就是不同的人生巔峰。人生是一場漫長的馬拉松，你會不斷收集許多人生經歷。

在建構巔峰故事的過程中，你會憶起過去不同的人生藍點，但故事總會有你個人的特色，因為它們是源自你的人生。

無論你在哪個人生階段，都還有可能發生形塑自我的事件，但你現在有了解釋它的方法。你將開始以更高的角度看待自己的人生，並編織成精彩的故事。

練習　巔峰故事印章圖

請重溫在上個練習中找到的九個藍點：三個勇敢、三個合作、三個美德，並各挑選一個。用巔峰故事印章分析這些藍點，了解它們的組成要素：你發揮的本領、你的動機、參與的人員及發生的地點。深入了解細節，以確保整個故事的風格。想想這個經歷的意義。爲何你覺得它很特別？其意義爲何？接著寫在日誌裡，無論多微小的細節，都要記下。

有了這些細節，巔峰故事中就能栩栩如生、更有一番韻味。

Story

Like You Mean It

CHAPTER 6

主題與脈絡

了解自己、做自己並不容易，
要脫穎而出更難。
大多數的人只會拾人牙慧，
複製非原創的想法，隨波逐流。

華倫・班尼斯，《領導，不需要頭銜》

透過故事圖章，就能用放大鏡檢視人生藍點，分析出其中的微小細節，包括你發揮的本領、你的動機、參與的人物、發生的地點等。著眼於細節，才能剖析意義；留意小地方，最終才能成就大事。

找出「主題與脈絡」（Themes and Threads），就能將藍點連起來，找出自己慣有的人生路徑。梳理出來後，就能編織人生故事、更加了解自己。

在影音串流平台上，電影按類型分類；而在書店裡，書籍也是按類型排列。分類是人類基本的思考能力，也就是找出事物的慣有模式和相似性。

同樣地，你也會以這樣的方式審視自己。你的人生故事是什麼類型？悲劇還是喜劇片？你可能是家人的守護者，就如《當幸福來敲門》中威爾・史密斯扮演的真實人物克里斯・賈納（Chris Gardner）一樣。賈納的職涯一開始走得十分辛苦，不僅得照顧年幼的兒子，還無家可歸，但他投入股票經紀事業，最後大獲成功。

保持一貫的主題，才能顯現你的個性

分類人生故事先從小處著手，再慢慢構築大局。一開始，你應該看不出明顯的主題，所以要從細節開始，看看是否會構成一條脈絡。

有些人從小就喜歡指引他人，幫助學業上或人際關係上有困難的同學，因此長大後便成為老師。這就是你要尋找的主題。

接下來，我要分享一個故事。當中有段話很重要，能令你想起往事的意義，並得到啟發。你會學著肯定自己的人生，並開始相信，隨著時間推移，往事會變得更有意義。你會發現，原來人生藍點能串在一起，讓你的人生故事有整體性與連貫性。

我在大學課堂上需要用影片來介紹巔峰故事，所以有個攝影團隊到我家中來採訪。我當場解釋了構建巔峰故事的方法，以及如何找出主題和脈絡。我指著一株長在橡樹上的藤蔓，接著說：「藤蔓和橡樹的葉子顏色不同。藤蔓依附在橡樹上，但它不會變成另一種植物。」主題也是如此，始終保持不變。

因此，在你的巔峰故事中，脈絡和主題要貫穿始終，才能顯現你的核心身分。

四格方形圖

在確定大方向的故事主題和脈絡前，仍然必須先找出細節。接下我會介紹「四格方形圖」，用它來檢視前面挑出的勇敢、合作及美德故事，並找出你在其中發揮的本領（心智肌群）、動機、相關人物與發生地點。

你只需畫一個方形，接著分成大小相等的四格，並在中心的十字交界處畫靶心。（見圖五）

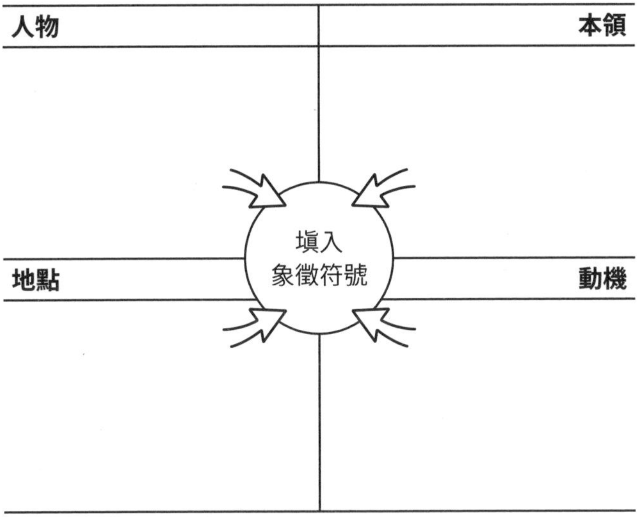

圖五

將第一個格子標上「本領」，列出你在人生藍點中所發揮的本領；其餘三個格子為：動機、人員和地點。將每個藍點的要素分配到適當的格子後，找出重複出現兩次以上的字詞，把它填入靶心（或拉一個箭頭，將其指向靶心）。你也可以在靶心畫個象徵符號，代表你匯聚的要素。

以我的四格方形圖為例。我的本領是創造力，還是很好的傾聽者、探索者及分析者。我能清楚理解每一件事的梗概。我的本領比較全面，因此我發現，我很適合幫人找出解決辦法。

我可以看出，許多學員在工作上心不在焉，而且這種漠然的態度連帶影響他們的家庭生活及情緒控制力。因此，我把平常用來訓練管理階級的工具變得大眾化，讓更多人能受惠。這就是我人生故事的主題，當中包括勇敢、合作與美德的經歷。

在我開始思考相關人物時，想到的總是的學員，因為我一直在做教學工作，不管是在企業培訓、大學課堂或是私人教練。

填寫四格方形圖，你就能看到自己人生一貫的主題。對我來說，主題是教學，

要具備專業又得有同理心，才能幫助更多的人。以下是我所完成的四格方形圖。（見圖六）

我填完四格方形後，在中央畫出自己的象徵符號，是一個老式麥克風；它代表公開演說。分析人生藍點後，我發現自己人生的目標，就是幫助他人整理自己的人生故事，並將它分享出去。

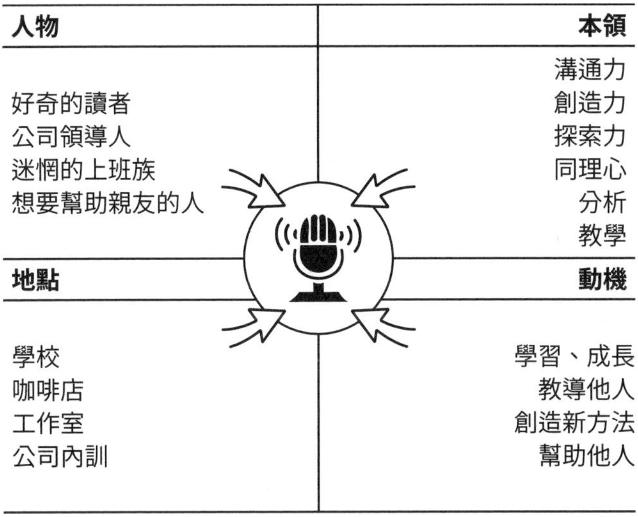

圖六

人生中都會扮演的角色原型

四格方形圖簡單又好用，能剖析、統合你的人生藍點，還能幫你找出類型相似的人生經歷。檢視看看，你的信念是否有共同點或一致性，這些經歷是否有相似之處。也許你能看到自己有所成長，更懂得靈活應變。又或許你看到自己積極投入、堅持不放棄的志業。又或許，你從小就負責照顧弟妹，自己創業後又要照顧員工。就美德層次上來說，你希望成為具有同理心的領導人。

想要看出自己的人生模式，我有個方法：假設你是小說創作者或編劇，你要如何塑造自己這個角色？

導演喬治．盧卡斯擅長創造各種不同的角色原型（Archetypes），以呈現出各式各樣的人。他受到神話學者喬瑟夫．坎伯的啟發，因而創作了影史經典《星際大戰》。

坎伯研究了世界各地的神話，他發現，儘管一種米養百種人，但都會經歷類似的情節，說出結構一樣的故事。角色原型很多，但坎伯對英雄特別著迷。盧卡斯清楚意識到，電影中的角色若有清晰的「英雄旅程」，觀眾便能與其產生共鳴。雖然神話是外在世界的故事，但也在我們的內心上演，坎伯稱之為「內在空間的外部範圍」（The Outer Reaches of Inner Space）。

一九〇〇至一九〇五年間，奧地利心理學家榮格研究了人物原型的來源。他認為，各原型角色均可對應到「源自人類集體潛意識（Collective Unconscious）的本性」。榮格學派的心理學家補充道，我們皆能與「榮格十二原型」的人物產生共鳴，包括天真者、平凡人、英雄、叛逆者、探險者、創造者、統治者、魔術師、愛人者、照顧者、小丑與智者。即使你不是心理學家，也能從別人和自己身上認出這些角色。老師是智者，而每個人小時候都是天真者。

當代榮格學派心理學家卡羅・皮爾森（Carol Pearson）談到原型與品牌形象的連結性。她與瑪格麗特・馬克（Margaret Mark）合著《很久很久以前》（*The Hero and the Outlaw*），談到如何以原型來建構品牌形象。皮爾森找到了六種基本的內在英雄特質：孤兒、流浪者、天真者、魔術師、鬥士和殉道者。

每個人都有這六種特質，在自己與別人身上都能看到，並產生共鳴。我們透過原型來理解自我、投射自我。每個人都有共同的內在特質：都是照顧者，都是天真者。

熱愛組織團隊的領導人

我們要用角色原型這個新概念，描述自己在人生大戲中所扮演的角色，以釐清故事主題與脈絡。

有些人是「魔術師型創造者」，有些人是循規蹈矩的公務員，也有人是智者，就像尤達大師一樣。有些人總是不惜代價為人付出，有些人很會改造東西、解謎。有些人喜歡面對挑戰。還有人專注於實現社會正義，或是帶領公益團體。

我有個客戶是位高階主管，她從小就很喜歡呼朋引伴來創作戲劇；她懂得招攬人力，並找出適合他們的角色。長大後，她擔任過大型活動的統籌人員，現在則是大企業的營運長。從她的人生經歷中，我們看到她的角色原型是「籌劃型助人者」，因為她總在召集參與人員，協調活動與流程，並塑造了自己的團隊文化。她小時候喜歡呼朋引伴來做事，請街坊鄰居在台下欣賞，現在則是讓客戶和高層滿意團隊的表現。

她從細節著眼，發現了自己人生故事的主題和大方向。不管是在社區或職場，她都能以有趣的方式延攬人才。她所做的一切都是為了創造鮮明的職場文化。她總是有本事為沉悶單調的環境增添活力，這就是她的領導特質。

隨著時間演進，人生中的各個章節會沿著某一主題串連起來，就如藤蔓連接樹葉。時間是構成人生故事的關鍵要素。故事能重現人生某個時刻：勇敢故事大多是往事，合作經歷大多在近期或是對未來的期待。

若你尚未經歷到更高階的美德時刻，也許是因為還年輕，尚未擔任舉足輕重的職位。也許你已嗅到它的美好。現在，你就以某個美德狀態為基礎，去構築、想像未來的藍圖。

透過角色原型的概念，你就能理解自己現在的功能，以及內心所渴望的美德狀態。

有一次在課堂上，某位同學跟大家一同分享她的巔峰故事四線道，而且她還用印章圖分析要素，並填入四格方形圖中。我請全班一起思考，這位同學是哪一位英雄人物。

他們毫不猶豫地說：「神力女超人。」

他們說，這位同學利用她的力量和韌性，扭轉了人生的負面劇本。她不但要照顧三個孩子，還成為職場上的領導者。同學的說法對她而言是一種肯定，她站在白板前說：「哇，我是現代的神力女超人。」

人生與電影

要如何找出自己在人生藍點中的角色原型，不妨問問朋友：「在我人生那段關鍵時期，我扮演了什麼樣的角色？是否像電影中的某個人物一樣勇敢呢？」

大多數人會喜歡把這些問題留給自己，當然這是更好的做法。

因此，開始從人生藍點看出浮現的主題吧！這些經歷構成了你的特質，並成為鮮明的角色。你覺得自己像哪個超級英雄或角色？神力女超人、黑豹或是《玩具總動員》中的胡迪。我有個學員像《超人特攻隊》中的隱形女孩巴小倩一樣，總是低調行事，悄悄觀察周遭，但會適時現身，轉危為安。她具有強大的意志力，能記住各種細節，並在必要時挺身而出。

以電影類型和角色來思考自己的人生經歷，就更容易找出明確的主題以及重複發生的情節。

每個人都有多個內在角色

想想看，自己在人生中是扮演老師、照顧者、領導者、探險家、智者或魔術師，就能理解自己的人生主題。首先，我們使用四格方形圖來整理細節，並得出人生故事大方向。接著，以四格方形圖上的「本領」與「動機」為基礎，打造自己的角色原型。每個人內在的角色原型不只一個，你可以自己分類。以下是我的學生所創造的原型：

- 英雄型照顧者
- 溫和型照顧者
- 追求成就型創造者
- 目標明確型照顧者
- 孜孜不倦型倡導者
- 創造型老師
- 挑戰型夥伴
- 忠誠製造者
- 變革促成者
- 共感型諮商師
- 務實型藝術家
- 先鋒探索者
- 隨機應變的給予者

- 盡忠職守的士兵
- 有愛心的領導者
- 教師型探索者
- 領導型學習者
- 公益型完美主義者
- 謙遜的製造者
- 安靜的沉思者
- 先思後行者

以此類推，你可以用其他名詞來形容自我特質。

我是狗派，也喜歡用狗狗的種類來類比角色原型。澳大利亞牧羊犬、拳師犬、拉布拉多、柴犬、米克斯都是狗，但特徵不同。人也是一樣，在玩樂、工作、家庭生活中有不同的外顯特質。思考一下，你是看門狗、頑皮狗、忠實的伙伴還是好鬥的保護者？

希望這有助於你思考自己的個性。只要從小細節出發，就能看出這些特質如何形塑你的角色原型與人生發展的方向。往後你就能投入更多的精力與信心去組織你的人生故事。

練習　四格方形圖

巔峰故事的關鍵要素是時間。透過長期一致的故事主題，我們就能看出，某件事會引起你的熱情，即便當下的構成要素不完美。

這套探索方法就像做研究一樣，你得收集證據、分析當中的元素，證實自己所推測的人生主題是否爲眞。只要能看出人生經歷的一致性，你就能把它們串在一起。

爲找出你的人生模式，請先創建一個四格方形圖，如圖五一樣。現在看看你用印章圖分析出的人生藍點元素，並在四個方框寫下你展現的本領、動機、相關人物和發生的地點。

在你的人生藍點中，有些本領會不斷出現，例如溝通力；有些地點很類似，比方都在戶外。有個客戶分析圖表後，決定改變她的工作模式。她要減少待在辦公室的時間，以培養與客戶交流的溝通力。

你的勇敢、合作和美德經歷都會激發出不同的本領。經常在戶外活動的人，請畫一個箭頭，將「戶外」指向靶心。如果你總是在帶領他人，那麼就將「影響力」指向靶心。

你放入四個方格的要素，是你人生各章節的重點；把重複出現的要素連到靶心後，劃出一個能代表它們的符號，那就是你人生故事的主題了。我的象徵符號是麥克風，因爲我是一名老師，專門教他人如何說話。有些人的象徵符號是耳朵，因爲他們是很好的傾聽者。

有名學生畫了扇子，他說：「因爲我能讓別人冷靜下來。」另一個人畫了計時器，因爲他擅長在時間內完成任務。

將四格方形圖保存在故事日誌中，在創作巔峰故事時能用上。

Story

Like You Mean It

CHAPTER 7

上場表演的時候到了

要理解人生，必須往後看；
要過人生，必須往前看。

丹麥哲學家，齊克果

是時候創造你的巔峰故事了，但首先必須整理好基石——人生藍點。

還記得賈伯斯那場著名的史丹佛大學演講嗎？他將自己的人生歷程轉化為動人的故事。他提到，自己曾去上過書法課，表面上看來這與他領導科技公司沒有關聯，卻是他人生故事重要的伏筆。

我猜想，賈伯斯在整理人生藍點時，先將它們整理分類，再挑出幾個串成演講的重點。他和你我一樣，在人生的道路上不斷地收集藍點。但透過巔峰故事四線道，我們就能挑出九個有力又突出的藍點。

想清楚，為何要提到這段經歷？

以下表格為巔峰故事分類表，能用來統整你的人生藍點。（見圖七）

透過這張故事分類表，你就能決定自己在演說或對話交流中要分享哪些內容。請注意你選擇某些經歷的動機。

選擇三個經歷，分別寫在勇敢、合作與美德等欄位。

此故事的用途：

分享故事的場合：

聽眾身分：

當日時間：

現場聽眾的特別之處，是否需要多留意？

	勇敢	合作	美德
例1			
為何選擇這個經歷？			
你所展現的重要本領：			
例2			
為何選擇這個經歷？			
你所展現的重要本領：			
例3			
為何選擇這個經歷？			
你所展現的重要本領：			

圖七

接著，回到第一欄的勇敢經歷，在第二列寫出選擇此經歷的原因，比如它對你人生的正面影響力。舉例來說，你七年級時贏得了美勞比賽，展現了自己的藝術天分。即使你長大後沒有成為藝術家，但你對自己的創造力非常有信心。有些人寫上自己大學轉系的經歷，以說明自己有獨立思考的能力，知道哪些科目不適合自己。

在日誌中繪製此表或做成excel都可以，只要記錄下來就有用。

因此，在整理人生故事時，多問問自己：「我為什麼要挑選這個經歷？」多多使用故事印章圖以及四格方形圖，思考自己真正的專長、本領和動機。

完成故事分類表後，你便擁有一張包含九個人生藍點的選單。你濃縮了這些經歷，找出它們脫穎而出的原因，並列出了你在其中展現的本領。

看吧！自我探究是最棒的研究工作。

接下來我們要建構巔峰故事。挑出三個人生藍點，分別為勇敢、合作和美德經歷。透過它們，你就能辨識過去的自己、展示出今日的樣子以及不久後的樣貌。

說故事的動機很重要

為了要挑選出重要的人生藍點，你該問問自己，分享此故事的目的為何？如果你講故事的對象是自己，那應該是為了自我省思，或是考慮要就讀哪個科系。透過巔峰故事法，你就更能釐清自己的特長與興趣。

在職場上，新任的管理者也得向屬下介紹自己的經歷，讓對方了解自己的背景與做事風格。有時，我們講故事是為了澄清錯誤資訊。旁人會因為長相、穿著或者小道消息便對你有偏見，但你可以透過人生故事來改變他們的看法。

聽眾想知道，你如何成為現在的你，而你讓大家認識真正的你。只要說出你真實而勇敢的經歷，大家就知道你願意面對難題。接著提到合作經歷，就能表明你不是一意孤行的人。你在巔峰故事四線道上不斷前進，展現你在工作、生活以及與人交友的熱情。你向聽眾證明，自己能克服障礙，與人同心協力完成任務。最終你將走向頂峰，呈現出你超越自己的美德。

這就是澄清偏見的方法。因此，你必須慎重挑選要分享的內容，並精確傳遞出重要的訊息。

留意聽眾的性質

故事開頭要選哪段英勇故事，取決於聽眾的身分。

有誰在聽你的故事：企業領導人、中階經理人或新人？那是怎樣的場合？公司內部訓練，或是員工烤肉聯誼？針對不同的地點和參與人物，你發言的影響力也會有所改變。

判定講故事的目的以及聽眾的性質，你才知道要分享哪些經歷。除此之外，你不必一五一十地講出所有過程，著重你要強調的經歷，有些細節就可以忽略。人生藍點能顯示你的價值和重要性。因此，要懂得濃縮過程、強化要點，才能突顯你的正向特質。

有時說故事的節奏在自己的掌控中，有時你會岔題，但只要維持自己的核心故事（Core Story）就好，也就是「簡單易懂的故事」，在各種情況下都能講。

觀察一下聽眾的性質，是重視精神層次的交流，或實事求是、喜歡分析問題。他們是否出身軍旅，是務實派的人嗎？我們當前所整理出來的經歷，能分享給各式各樣的聽眾，也可以重複使用，但過一段時間就要重新調整跟加料。

沒事多溫習自己的人生故事

挑出人生藍點、建構巔峰故事後，你就可以與聽眾分享自己的認同，呈現自己人生的三大情節：勇敢、合作與美德。你想告訴大家，走過這段故事歷程後，你成了怎樣的人。針對不同的聽眾與場合，我們能調整故事的節奏，好讓他們融入情境。

運用故事分類表，有助於評估講述人生故事的場合與時間。針對培養感情、自我介紹或與建立客戶關係等目標，你所強調的情節要素也會有所不同。

在分類並標記了故事的要素（動機、本領等）後，再想想當中的細節，以及故事的主題和脈絡。現在，你可以分享這段經歷，告訴大家你的本領，以及你所得到的啟發。平常沒事可以多問自己，為什麼選擇這些藍點？為何這個故事讓你印象深刻？這樣每次遇到要發表的場合，就可以更清楚自己分享的動機與目的。

挑出想分享的人生故事，包括勇敢、合作與美德後，最好把它們都記下來。若能親手一字一句寫在日誌上更好。有個學員告訴我：「我帶著日誌到公園，坐在池塘邊，看著划獨木舟、玩風浪板的運動員以及釣魚的人。我想在外面晃一晃，一邊思考一邊寫作。」然後他就把那一頁日誌拍給我看。

所以，請在你覺得舒適的地方寫故事。保持精簡，適時加入細節，一個故事一到兩段即可，別寫成長篇小說。

現場說話的幾項要點

寫完故事後，就必須調整講故事的聲調。大聲朗讀或錄下來都是很好的方法。多聽幾次，看看自己的聲調是否清晰、音量是否適宜（本章末有超棒的練習方法），並且考慮以下幾項因素。

• **講故事的意圖以及身分認同。**聽聽看你的聲調是否能呈現出自己在這些人生經歷中所表現的特質。反覆檢查故事的結構，包括旨意與轉折。用不同顏色的螢光筆標出表現良好以及需要改善之處；改寫令人感到無聊的段落。

• **核心訊息。**確認這些故事要傳達的資訊和價值。檢視它的脈絡與主題，確認它們有保持連貫性，能夠顯現你所挑選的三個形塑自我的經歷。

• **分析聽眾。**依據不同的族群，調整今天要說的內容。比方說，面對學者，分享時要更注重邏輯、更有實質內容，演講時不要離題太多，以免混淆聽眾的思緒。

• **親切感。**故事是你的人生經歷，它呈現了你的本質與特色。你的核心故事、三個首選的人生藍點，要能貼近各階層的聽眾，也就是具備親切感。我教過監獄中的服刑人，也教過將他們抓進監獄的警察。我指導的人包含公司高層、人生跑道轉換者、羅傑威廉斯大學教室裡的學生。我的故事總是能貼近他們。你的故事也該如此。

- **語速**。說話的速度是關鍵。大聲朗讀自己的故事，找出描述不清的部分，並予以修正。迷路時會越走越快，講故事時越講越快，就有可能是思緒亂了。
- **對話的橋段**。講故事的過程，要在某些地方稍作停頓。這樣才能與聽眾對話。但你不必真的跟聽眾一來一往，也不必完整地交流想法。你要趁停頓時抓住他們的注意力，或適時反問對方。拋出出人意料的句子來吸引聽眾也不錯，比如將不相干的兩個元素連結在一起，例如：「我是藝術大學畢業的，但現在從事金融業」。給聽眾一點反應的時間，就能形成對話。
- **明確的結尾**。在故事結束時，不需要做一些誇張的表演動作，但請確定觀眾清楚知道故事結束或是進入尾聲了。

範例：用不同的經歷串起一篇完整的巔峰故事

如何將看似無關的人生藍點串連在一起。我有個學員是財務顧問，有次他去參加午餐會議，不出所料地，現場有人問他：「你是怎麼進入金融業的？」他當時講的故事，便是完美的回應。

他串連了人生的三段經歷：兒時旅行、擔任海軍軍官、進入金融界工作。

這一切的起點是，某次我勇敢地從奧爾巴尼搭火車到紐約市，去見在那裡工作的父親，當時我才十四歲（勇敢的經歷）。後來父親離職，開了自己的投顧公司，那時我怎麼也沒想到，有一天我會繼承他的事業。長大後我加入海軍，成為一名軍官。

有次我出任務，搭上航行於印度洋的艦艇，援救了另一艘船上的人。兩艘大船在大海中央肩並肩，當時的狀況很危急，正如要將人從二十層的高樓搬到隔壁的大樓。我們得出動直昇機，從我們的艦艇飛到另一艘船上，救出那位身體出狀況的人。對方是商船，所以我們冒的風險很高，因為這超出了我們平時的訓練範圍。在危急中，海軍弟兄一起救回那個人（合作經歷）。

退伍後，我選擇和父親共事，並獲得事業上的成功。業務增長得很快，我們還併購了另一家公司。我之所以會成功，因為我熱愛財務規劃的工作，幫助人們創造穩定的生活（美德經歷）。

你瞧，這整段敘事裡包含了三個主題，而且來自不同的領域，它們一起構成了這篇巔峰故事。

故事分解

我們來拆解一下這個故事。從中可以清楚看出，這位敘事者的角色原型是「創造穩定感的照顧者」。這個故事清楚展現了，在高風險的情況下，他能夠活用知識、隨機應變。不管在金融市場或航行於印度洋的船艦上，這種應變能力都能派得上用場。

這兩個場域都很複雜，變動多、隨機出現的問題也多。因此，他不僅是一名照顧者，還必須掌握所有可變因素，並能夠分析複雜的事情，使其簡單化。另一方面，他看到平凡無奇的事物，也能找出其中複雜的一面。

這位財務規劃師將這些特質融入自己的故事架構中，讓聽眾相信，他善於破解複雜多變的局面。他在故事中展現自己的創造力、耐心及理解力，證明自己能在嚴重的混亂中自我導航。

順帶一提，他就是海軍直升機駕駛。聽完他的故事後，你應該會更加信任他的能力。他跟你一起設定的財務決策應該也很可靠。他的人生經歷證實了一件事：開飛機的人都懂得分析風險。

這位財務規劃師在餐廳講完了自己的故事，接著說：「很高興現在能和你們談話，請問大家還有沒有想問的？」大家聽完他的故事後都讚嘆不已。他創造了一個好故事，讓大家看到了他的人生軌跡。

學習職業運動員的精神

巔峰故事的美妙之處在於，你能隨時在任何場合分享。這些故事以巔峰故事四線道為基礎，情節合情合理，又能啟發聽眾。講一個巔峰故事，通常會花上三分半到五分鐘；如果你只是閒聊起自己的經歷和特質，就可以縮短到一分鐘。

等到你駕輕就熟了，就可以設定不同時數與秒數的版本。你可以像TED演講那樣，設定成更長的十八分鐘版。但理想的時間通常是三分半到五分鐘。練習時，大聲說出自己的巔峰故事，用手機錄音、計秒數。多多演練幾次，就能掌握講故事的時間。你甚至能用慢速播放來找咬字不清楚的地方。

看看職業運動員的學習態度。和業餘人士相比，他們各項表現的成長發展非常執著。專業人士會不斷分析自己的動作，以求進步；而最好的方法就是拍攝、記錄現場動作。當你上場時，一切都會展露無遺。

棒球員要練習揮棒和接球，美式足球的球員練習邊鋒防守與發起進攻。他們得留意手臂與手腕的細微動作，還有各種體能表現。這些道理用在故事也是一樣，有許多細節要反覆練習確認。

第一個聽眾就是自己

分析自己的表現，才能得到第一個評論。

請注意，這不是說其他人的意見不重要。時機未到。先自我分析，如此才能對自己的故事瞭若指掌。

請帶著批判的態度聽自己的故事，看看哪裡需要調整，流水帳、遺漏細節、過度解釋都是缺點。必要的話，請刪掉支線的故事。說話的語氣有時要積極樂觀，但出現轉折，就要轉換語氣。聲音就是表現劇情的工具。

避免滔滔不絕地講；濃縮人生經歷，去掉瑣碎的細節，講精華就行了。

以我來說，我就會簡單地告訴人們，我曾是極限單車玩家，假日有時間就練習。

我只需花五秒鐘，就能說明我喜歡冒險。透露這點資訊就好，這句短短的話就足以翻轉偏見，讓你知道，我不只是個戴著領結、只會教書的教授。你應該會想，好吧，這傢伙會的事情還真不少。因為我的外表以及教授身分，你會以為我很文靜，而我的這一句敘述能推翻這個看法。我只需要表達：「不不不，別被我的外表騙了。我需要你認識全部的我，而不只是片面的表象。」只要我告訴你，我曾是個極限單車玩家，這個印象就會取代你腦海中的文靜教授。事實上，從此你就忘不掉我的冒險性格。

登場演出

你開始講述人生故事後，人們應該都想聽到，你所達成的人生目標會不斷發揮邊際效益。你的故事帶來了能量，顯現了你的創造力以及人生經歷的加乘效應。每個人都知道自己的人生歷程，只要挑出有意義的片段，並解釋它如何影響現在的你，就能啟發別人。

到了這個階段，你還是可以更換要分享的人生藍點，只要你做足準備，知道自己的人生主題就可以了。但首先，一定要多練習你的「核心故事」。就像鋼琴家每天都要練音階，以維持手指的肌肉記憶，不管要演奏什麼曲子，都能夠靈活變換，輕鬆彈奏。

別擔心，你可以在不同的場合講述同一套巔峰故事。就像現場演奏一樣，聽眾不一樣、氣氛不一樣，所以你無法精準預測他們的反應。有時你可以停下來問聽眾當過兵嗎？這樣的問題能拉近彼此的關係。有的聽眾會回答：「是的，我是退伍軍人。我真的很喜歡規定嚴明的生活。我喜歡秩序和穩定，凡事都上軌道。」你馬上就知道這位聽眾的特質。你猜想，這個人是真正的硬漢，也因此更羞於分享自己的人生故事。

不過，請記住：每個人都喜歡聽別人小時候的故事。童年故事能展現出每個人純真稚氣的一面，或者說他的內在小孩。看電影時，我們都喜歡天真或者大器晚成的人物。我們看到小孩或小狗就會覺得欣喜和開心，因為他們代表嶄新的生命與生活的無限可能。

所以，在巔峰故事中插入童年往事，能喚起聽眾的好感。前面提到財務規劃師跟我說過：「有件事蠻有趣的。我這輩子最可怕的經歷，是十四歲時自己搭火車去找我父親。那時是八〇年代，他正要成立新公司。我當時從奧爾巴尼出發，那對一個孩子來說真是一趟大冒險。」

你年少時的勇敢故事能抓住聽眾的耳朵，讓他們願意專心你所說的話，因為他們也曾經年輕過。

克服抗拒感

準備與人分享新構思的巔峰故事時，一開始會有股抗拒感，但這就是你的人生，並不是你編造的，你提及的一切都會真實上演。這個故事與你自己和現在投入的事業有關聯，不用害羞，自我表揚是應該的。你經歷過的人生弧線是有意義的。相信自己！

出現抗拒感時，試試這個方法。將雙手十指交握，這時一隻手的手指會疊在另一手的手指上；右手拇指會疊在左手，或左手拇指疊在右手。現在請你交換手指的上下位置，再交握一次。

感覺很怪，對吧？

請克服這個感覺。保持這個奇怪的交握方式五到十分鐘，就會覺得很自然了。一切都會很順利的，只有在剛開始時會有點不自在。你應該有一段時間沒使用講故事的肌肉。重新訓練它，講出自己真正的故事，與人分享你的人生。

現在就開始練習。你講的次數越多，就講得越好。這就像伏地挺身、游泳或彈鋼琴一樣，講故事也需要反覆練習。講的越多，成效就越好。

把講故事變成習慣，這是你與生俱來的行為能力。與人交流是人性的需求，是心靈深處的渴望。只是如今，我們都是透過網路，而不是面對面交流。

故事能實現你的幸福人生

在腦中組織了自己的人生故事後，它們就有了意義。順帶一提，你可能會發現，現在不管你到哪，都更加冷靜沉著了。就算工作上遇到什麼難題，你都能不慌不忙地面對。只要多講故事，你的應變能力就會更好。

你希望未來的自己更有能力、更有美德。雖然你現在還在奮鬥中，但你狀態很好，一定能達成目標。我有個學員是財務顧問，特別想為退伍軍人服務，因為政府的相關制度有很多缺陷，所以他們實際得到的福利很少。這位學員非常煩惱。不過，他的主管最近給他更多自主權，所以他很想為退伍軍人做一些無償的服務，包括成立互助會和基金會。

你的巔峰故事不會打亂你現在的生活，它能為你的生活和工作帶來能量與價值。實踐巔峰故事，就能活出燦爛人生。人人皆想要有意義的工作，在他人面前表達自己的特質，而這就是顛峰故事的功用。

故事講得很好，聽眾才會幫你宣傳

巔峰故事有個很棒的性質。一聽到好故事，人們會告訴其他人，一傳十、十傳百，你的故事會有更多人聽到。你會變成朋友圈的紅人，得到大家的讚賞。

有人在自我介紹時說：「我是一名認證理財顧問，已有十八年的執業經驗。」這種話沒人會幫你宣傳，也不會帶給聽眾啟發性。你不會很興奮和別人分享：「嘿，我今天遇到了一個人。他是個認證理財顧問，工作經驗將近二十年。他有經濟學學位和MBA。」坦白說，這種人全美有好幾百萬個。

如果你講了很好的故事，才會有人幫你宣傳：

我今天遇到了一個海軍退伍軍人，他曾經從商船上救了一個人。那個人被燒傷了，所以那位軍官派出一架直升機，然後跟著隊員到商船上救人。這位軍官退伍後跟著父親做事。他小時候曾獨自搭火車從奧爾巴尼到紐約，到他爸的公司找他。現在他的父親退休了，而這位退伍軍官公司經營得有聲有色，還併購了其他公司。這家公司的員工都很有心，會幫客戶管理好財務，好好保護對方的投資與財產。

透過這個故事，我們會發現這個主角品行高潔，若請他做財務決定，一定很可靠。因此，跟別人自我介紹時，請別只說你有MBA學位、是個認證理財顧問、已有十八年經驗，這聽起來蠻沒說服力的，對吧？

練習　分享巔峰故事的訣竅

整理好人生故事後，在與人分享前，請用手機或電腦錄音。多錄幾遍，找出問題，直到自己滿意爲止。

在達到滿意前，一般人都會錄個十幾次甚至更多。錄到第三十次時，你應該會感到非常興奮，因爲故事會變得更精采。有些人會爲每段經歷挑一個象徵符號，以防止自己照本宣科，只顧著把準備好的故事唸出來。對錄音結果感到滿意後，就可以試試看錄影。

別擔心，你不會搞砸的，因爲你完成了所有的事前準備。有壓力時，試著放鬆一下，別讓焦慮控制了你！

重要的是，當你終於對影片感到滿意時，請分享給你信任的人看。不要給他們別的資訊，只需讓他們觀看影片，然後請他們寫下三到五個能代表你這個人的詞。

你會感到非常驚訝，因爲他們熱切回應你的故事。將他們回饋的文字記在日誌上，有些人會貼在鏡子上。也有人會用螢幕截圖存下來。

他們所回覆的話語都是受你的巔峰故事所啟發，是他們大腦所聯想到的正向感覺。

你可以將故事發送給多個人，並記下他們所有的回應。有些人會將這些文字整理成文字雲，甚至有人把它列印出來，放在辦公桌上，當成人生的座右銘。聽眾的回應非常珍貴，要好好保存下來。

講故事的重點在於自信，這意味著你信任自己以及整理出來的故事。你的故事源自你的內心。你確信這些經歷構成了你的一生，沒有人可以質疑。

還有一件事。除了錄影，你也可以直接講給別人聽。當你在咖啡廳和朋友閒聊時，你可以說：「嘿，我現在要說一個小故事，希望你聽完後，能寫下三到五個小感想。前幾天，我想起自己第一次自助旅行的經歷……」提出三個人生藍點，看看朋友有什麼回饋。

我常常看到，人們聽完故事說：「天啊，好感動。」他們會以美妙、閃閃發光的正向話語回應你。

這就是巔峰故事法最神奇的一個環節。講述自己的故事，得到聽眾的回饋或誇張的反應。就算你天生沒自信，也可以假裝一番，記著臉上要掛著微笑。我看過有些高階管理人員在大學生和高中生面前表現出洋洋得意的樣子。很難想像吧！

我們都希望得到肯定。他人給出的回饋能證明我們的價值及重要性，這就是巔峰故事的意義所在。想想自己的一生。人們什麼時候給過你這種直接的反饋？從沒有。

總之，這過程很有趣，一定要試試看。

Story

Like You Mean It

CHAPTER 8

身心投入生活，打造精彩人生

行動不一定帶來幸福，
但不行動就肯定不幸福。

美國心理學家，威廉・詹姆士

我創造巔峰故事法，是為了幫助人們表達自己的價值與重要性。事實證明，它也是一套心理分析工具，能用以深入瞭解自己的人生經歷。不僅如此，巔峰故事法還能讓人們理解存在的知識與現實。

換言之，這也是一套哲學思想。

現今哲學式微，世上再沒有許多如柏拉圖或亞里斯多德般的哲人。雖然體壇明星、教練、標新立異的市場大亨或網紅會發表勵志的言論，但他們不算哲學家。哲學是對生命本質的領悟、是跟存在有關的思想體系。我們周圍有很多哲學家，但他們的著作很少打進主流市場。

活出自己的人生

我開始傳授巔峰故事法，教導學員分析人生經歷、組織人生故事後，他們會告訴我：「這個方法太好了，我會不時拿出來練習。」

後來我才發現到，巔峰故事法也是一套人生哲學，透過巔峰故事四線道，就能分類、整理自己眾多的人生經歷。

這套方法有助於省思，進而帶來充實自覺的生活。它足以作為一套哲學，讓你用對自己最有用的方式詮釋現實。宗教與互助團體也有這種功能，但這兩者的思想體系只能幫你「熬過艱苦人生」，而我講的是「活出充實而自覺的人生」。

巔峰故事法帶來許多哲思，並成為我們思考人生的基礎核心。透過巔峰故事，我們能理解到，人生不只是勇敢前行，還要學會與他人合作，讓自己的人生更有品質。環顧四周，不時想像自己處於巔峰故事的頂端。

透過巔峰故事，我們能看出自己人生從勇敢到合作的前進軌跡，因此得到能量，從而顯化腦海中的人生藍圖。

最終，我們能成為不斷成長、自我實現的人。學員們給了我以下的反饋：「我熱愛現在投入的事業，其他的人生道路我沒興趣」、「我成為老師」、「我必須成為護理師」、「我要成為木工匠人，沒有什麼能阻止我」、「我之前學的是工程，但無所謂，我要成為廚師」。

這就是活出充實自覺的人生。

順帶一提，這個詞會令人想起蘇格拉底提出的概念：缺乏自省的人生不值得一活。的確，反省過的人生會變得更有意義。

這麼說有點自傲，但我認為蘇格拉底的理論還不夠好。

幸福的層次

光是自省人生是不夠的，你需要將檢視後的心得整合進巔峰故事、真實人生中。內心的省思必須化為生活的知識，在社交活動中實現。社交是幸福感的主要來源。心理學家馬汀・賽里格曼（Marty Seligman）發現，幸福分為三個層次：舒適快樂的人生（Pleasant Life）、身心投入的人生（Engaged Life）、有意義的人生（Meaningful Life）。

• 舒適快樂的人生

在這一層的幸福中，你過著穩定而充實生活，做著開心的事。因此，在巔峰故事世界裡，這代表著你還在構思故事，還沒完全實現。就像在擲硬幣，成功機率一半，你的故事與現下的活動有時相匹配，有時則不。

• 身心投入的人生

在第二階段的幸福中，你積極投入生活，培養並強化自身優勢，所以成功率超過五成。你全心全意的生活態度已成習慣。當你想到自己的巔峰故事時，大多在思考你是誰、在做什麼。你以正向的態度看待自己。你認為，在通往下一階段的路上，應該保持積極的奮鬥精神。

• 有意義的人生

在幸福的最高層次裡，我們的人生目標明確、有意義並充滿真實的幸福感。你之所以會踏上奮鬥的人生，是因你了解到，活著應該超越自己、培養美德。如果不做自己有動力做的事情，那將有違自己的價值觀。在這個層次，你透過巔峰故事去實現自己塑造的角色。你不會臨陣退縮。這是你的人生故事。你挺身而進，勇往直前，同時對某些事情說不。

一套好的哲學能指引你做出決定，而你也應該貫徹實踐它。將巔峰故事法當作人生理念，將它變成通往充實人生的路徑。

現在你只要記住，你正沿著此路前行；你一定會成功。

把故事化為真實

想要過有意義的人生，就要不斷實踐人生故事。是否接受某份工作，可以透過自我敘述來決定，不管是想從事教職或主持非營利事業，或是遠離熱愛的基層服務而接受升遷。

我有個學員熱愛照顧有特殊需求的兒童，卻有人邀請他去大企業上班。他將巔峰故事當作一套人生哲學，所以他翻閱自己寫下的自我敘述，看看能否與這份工作匹配。他在自我敘述中寫下自己的能力與工作動機，並巔峰故事四線道上列出許多經歷，所以看清自己當前的人生位置以及理想的人生目標。最終，他還是放棄了大企業的邀約。

不要聽外界告訴你的答案，只有你才了解自己。

由此可見，這套哲學會帶你邁向有意義的人生。你會全身心投入自己的事業中，並不斷得到價值感與成就感。這套哲學的用處在於，讓你的人生符合自我敘事。

你的故事和人生將相輔相成。

你一天會做出五到十個決定，讓生活符合心目中的故事。要接聽誰的電話、與誰共進午餐，根據你的自我敘述去做決定。不要做與自我敘述不符的事情，否則你就會飄忽不定。用這套哲學來清理生活，就能為自己帶來力量。

因此，我那上百名學員將巔峰故事法當作一套哲學和生活指南。他們回顧並拆解自己的人生，從現象學來說，就是以主觀生活經驗來研究心靈。正如文藝復興大師米開朗基羅在八十多歲時說：「我仍在學習。」（Ancora Imparo）

用好故事建立信任感

頭腦是地球上最強大的處理器，只要配合思考工具，就能發揮最大效用。汽車改變檔位，就能增加牽引力與馬力。用故事印章圖來分析過去、現在與未來，連接起人生中各個章節，就能讓你的人生故事合情合理。

著眼細節就能成就大事。

想想你人生中做出的種種決定，它們是否讓你過著舒適快樂、身心投入以及有意義的人生？不要忘記，這三種人生之間有層次之分。有意義的人生是最有價值的。各個研究成果顯示，人類非常重視「意義」。

在某些日子裡，你渾渾噩噩；在某些日子，你目標清楚，淺嚐到成功人生的滋味。請想想這兩者的差距。你參加孩子畢業典禮的那天，一定非常有意義。除此之外，自己動手修整庭園、踏上單車之旅、與許久未見的老友們共進午餐……這些日子都令人難以忘懷，而且讓你覺得人生是有價值的。

人生各個時刻都有明確的目標，這感覺一定很好。因此，除了用巔峰故事法來增進自我介紹的能力，也要把它當成一套人生哲學。

有了巔峰故事法，你會更加積極，更有信心。相信你的人生故事，就能找回熱情。「信心」（confidence）一詞來自拉丁文confidere，意思是「完全信任」。

人們與你有共鳴，才會回應你。相信自己的故事，他人也才會信任你，而且被信任的感覺非常好。與人分享後，這些故事將帶領你與對方建立有意義的關係。

用人生故事培養正能量

你能用巔峰故事法來培養正向的生活內涵，也能以此多多鼓勵自己，即使是負面經歷（每個人都會遇上）也會有正向的意義。簡單地說，用巔峰故事法就能找出負面經歷中的正向含義。

這就是所謂的成長型思維（Growth Mindset），史丹佛大學心理學教授卡蘿・杜維克（Carol Dweck）在其暢銷書《心態致勝》（*Mindset*）中提及此概念，而且廣為人知。成長型思維意味著，即使有些事情並不完美，但如果能以正確的方式描述負面因素，你也能有所收穫。

接下來我要向你介紹，心理學家芭芭拉・佛列德里克森（Barbara Fredrickson）提出的「正向情緒比值」。

佛列德里克森在研究中，詢問受試者：「生活中發生一件負面的事，你需要多少件正向的事才能抵銷？」最後她得出的比值為三比一，此為正向情緒比值。

也就是說，你需要三件正向的事來抵銷一件負面的事。有時也要看負面的事為何，若是家庭事務，可能是五比一。義大利家庭或葡萄牙家庭的家務事比較複雜，比例可能是七比一。

正向情緒比值能呈現出生活的高峰跟低潮。陷入困境時，周圍有充足的正能量，就能越挫越勇。

組織、團體或家庭的領導者，只要時常分享自己的人生故事，就能將正能量注入環境，包括演講場地、客廳和會議。他們能傳播積極正向的言語和內涵，用正能量來化解眾人的負能量，或是減低某個負面事件的效應。

透過巔峰故事，就能轉變整個場所和空間的負面消極能量，進而幫助團隊或成員恢復精神。

我去過許多單位教授巔峰故事法，包括財務部門、技術團隊和行政部門。我發現，學會講故事後，他們內心感到更自由，也更能主動與團隊交流。

多多分享故事，我們就能趕走團隊中的負能量，還能得知其他人的能力，了解每個人的貢獻，知道這個團體會如何發展，於是明白加彼此的本領和動機。團隊成員相互理解後，批判的聲音就會更少，成員們自然而然更加欣賞彼此。透過勇敢經歷，我們就知道對方有多熱情；在合作經歷中，我們發現對方的同理心與溝通力；在美德階段，我們看到他人的所做所為符合他所描述的理想人物。由此可知，巔峰故事可以改變團隊文化。很酷吧？

從今以後，我們不需要老式的企業精神課程。只要知道自己的人生經歷以及他人的故事，就可以改變團隊的氣氛。現在，重要的是回顧彼此的人生。

講故事包含內在與外在層面的革新。故事講給別人聽，彼此的相處氣氛就會改變。一切都始於個人的改革，每個人都這樣做，正向的浪潮就會產生，彼此都能大獲其益。因此，每個人的故事都很重要，都能創造超級正能量。

透過彼此的正向故事凝聚團隊的向心力

每個人都能在自己的巔峰故事中找到三個人生經歷來證明自己的正向發展軌跡。在別人的故事中，我們也能發現同樣的證據。因此，透過人生故事，我們就能創造團隊發展的正向軌跡。成員知曉彼此的正向故事，凝聚力因而變強。

企業會舉辦「團隊凝聚活動」，讓員工分享彼此的故事，培養團隊的信心，並產生更強的應變力及復原力（兩者密不可分）。有應變力才能生存，而團隊需要集體合作才能發展茁壯，對吧？

透過斯巴達障礙賽的成員，我認識了專門研究團隊組織的史蒂芬妮．柯爾比。她表示，只要成員能維持團隊的復原力，便能解決任何類型的問題。甲帶給乙力量，乙又帶給丙力量，整個團隊的復原力就會慢慢累積起來。這就是人生故事的效用，只要每個人帶著信心工作，團隊的實力便會增強。

用故事來創造對話

實踐巔峰故事法的關鍵在於，一定要講出來。故事不能只是放在心裡面，而是必須說出來，引起對話、與他人交流。以不同的聲調、語速及節奏，在不同場合講述你的故事。不管是正式演講、自我介紹或臨場發揮，你都能感受到和諧與共鳴。當下，你會充滿力量和信心，人們也看得出來，也會更想與你多對話。

恭喜。你已經領會了這門哲學，並在生活中實踐，你能走遍世界分享故事，與他人產生連結，並呈現你的正向價值。

之後，無論是你對他人，或他人對你，都更能產生共感。每個人都想知道「會計部的約翰是何方神聖」或「那個從對手公司來的新人是誰」。當你準備講述自己的故事時，甚至不需提起勇氣，因為你的故事是真實的，不會無聊到令人打哈欠。你打破了人與人的隔閡，開始創造自己與聽眾的關係。

這麼一來，你便突破了人際疏離的文化，創造了真正的連結，而不再被淺薄的網路社交所限制。

你的巔峰故事總會激起聽眾的回應。

為了讓聽眾融入，我常會拋出問題，引發他們思考、給予回應。我會說：「我小時候經常騎自行車。你呢？喜歡騎車嗎？」不管是一對一或公開演講，都可以用上這個方法。在許多場合中，人人都想要有參與感，因此你可以用這樣的問題，刺激聽眾思考，開啟對話交流。不過，你的口氣得帶有敬意，才能成功邀請對方來加入對話。

對話（dialogue）一詞由dia與logos組成：前者的意思是「經過你的嘴唇」，而後者則是「有意義」。因此，透過故事，我們將聽眾帶入對話的情境。我們要建立這個故事與聽眾的關聯，以及它對聽眾的意義。

讓觀眾融入，他們才不會分心想別的事，或開始滑手機，注意力飄到九霄雲外去。隨著時代演進，我們的注意力已很難集中。因此，當我們有機會介紹自己，一定要好好說出自己的巔峰故事。

巔峰故事法有哲學層次、也有實際上針對聽眾的表演層次，但你所使用的創作素材都是一樣的；你用它們來拼裝自我，打造鮮明的角色形象。你就像電影中的角色，從一幕到另一幕，永遠保持一致，觀眾才能認得你的特質。各種角色有各自的優勢、技能或特徵，只要保持一致，大家就會慢慢熟悉你。

實現自己的隱藏角色

有時，你的故事和你現階段的身分搭不上來。舉例來說，會讓你感覺良好、有參與感及滿足感的事情，都跟擔任「關懷者」的角色有關，但你卻是公司的會計，工作環境的壓力非常大。你沒有得到滿足感。換句話說，你的巔峰故事搭不上工作場所的氣氛。

好吧，那你可考慮換個角色。

但首先，再次檢查你的人生經歷與角色的關聯，確認所有要素都固定在正確的方向。再說一次，這就是自我探索的一環。你正在了解自己，請回到內心世界去省思。

請想想你的巔峰故事，它既是你的錨，也是你的指南針。因此，可以轉個念頭：

我是個會計師，也是個照顧者。過去我照顧過兄弟姊妹，長大後卻過度依賴分析能力，而忽略自己的照顧能力。但現在，我懂得運用自己的組織籌劃能力。因此，我想為社會付出更多心力，為單親家庭的孩子找到資源。我能發揮關懷、照顧人的特質，無償服務這些弱勢族群。

如此一來，你就不會只侷限於會計這份工作。你的事業會更上一層樓，以搭配你的巔峰故事。

接著，回頭檢視一下你的巔峰故事。

你將看到自己開始進化並寫下未來的新篇章。你可以保有當前的角色，同時以創新的方式照顧、關懷他人。你應該落實自己的夢想，在現實世界中嘗試一番。你應該會發現，原來自己非常喜歡服務弱勢的人，包括為他們申請相關的補助。所以，你的下一步就是創立非營利組織。這跟賺錢無關，你只是要建立一個非營利組織，以結合你的會計專長與照顧者特質。活用巔峰故事，就能點燃熱情的火花，依循理想的軌道前行。

在現實與理想中找到平衡點

要如何調整故事的元素，以配合實際的生活？這取決於你的真實自我、所處的人生位置以及需求。不是每個人都能任性換工作或長年當義工。我們必須賺錢，對吧？舉凡生活所需，樣樣都需要金錢。不過，人生也須符合真實的自己。

因此，我們應該在現實與理想間找到自然的平衡。人生不符合真實自我，是要付出代價的。每一天，每一小時，每一分鐘，你都處於「我不想待在這裡」的痛苦境地。你失去快樂與滿足感，你失去了我們都渴望的「意義」。

回去看看你的巔峰故事。你何時決定要走到現在的人生位置，而非實踐另一個目標？檢視當時的條件，改變現下的處境。創造一些事物，獲取一些成果，才能脫離現在馬馬虎虎的狀態。

當時機成熟時，試著做出改變吧！你完成了巔峰故事的準備工作，你已經準備好了，就像漁夫說：「我找對了地方，要來甩出釣竿釣魚了！」我們也是，一起來創造故事吧！

改變的時機取決於人生位置，但不要退縮。只要發揮創造力，就能找到方法踏上你的美德時刻。

創造人生的新篇章

心理學家羅洛．梅將勇氣稱為「自然風險」。在人生旅途中許多時刻，你都必須勇敢地以創造力應對焦慮。

為了使人生符合你的巔峰故事，你得多用一點創造力。你天生就有這種能力，它是一種基本的本領，就像探索和領導力一樣。建立心理肌肉，就能實踐自己的人生劇本，發揮自己的本領。如果你當上主管，必須開始發揮領導力影響別人，卻發現自己從未練習過，就得想想如何實際運用。如果你意識到自己與他人的合作經驗不足，就應創造更多機會去練習。不要想太多，在假期前與親友共煮晚餐或一同採買家用品，就能鍛煉「合作肌肉」。

多發揮創造力，雖然成果難以預期。

至少現在你知道自己想要什麼，可以實現什麼，以及這兩件事如何與你的故事鋪陳連結。無論你添加到巔峰故事的新章節為何，都一定會有意義，因為它會與先前的段落保持一致性。

你的故事會越來越豐富。

檢視自己的能力與特質

人生劇本應該前後呼應，你的故事主題、脈絡就能清楚說明你要強調的本領。你將能藉此檢視自己的人生，並發現自己必須調整的地方。假設你發現「照護與關懷」是你所有藍點的主題，但你卻是個會計，這兩件看似對立的事，如何能平衡？無論你現在的身分或職位，你都能將不相關的要素相結合。

只要重新審視自己的故事，就有辦法融合各要素。我有一個客戶大學讀財金系，後來又攻讀MBA，而她也是一名藝術家。稍後，我會進一步說明她如何融合這兩個角色，而且非常成功。

其實，若想增進領導力，不必回到校園拿學位，只要多上一些領導力課程或考取專業證照；也可以找指導老師、閱讀相關書籍。我們需要增進的領導力很多，包括溝通、業務銷售和推展、增進團隊關係。這些能力會幫助你搭建人生橋樑，串連現在與未來的藍圖，從而加快實踐你的巔峰故事。

別將事情複雜化，故事印章的要素就很好用了。記得八大本領：

- 領導力
- 容受力
- 適應力
- 區辨力
- 溝通力
- 組織力
- 探索力
- 創造力

這八種類別就足夠了。它們是種種行為的基礎。當我撰寫此章節時，我發揮了區辨力及溝通力，因為我在分析語言。而我也需借助一點領導力，將自己所知的真理發揚光大。或者我能運用容受力，緩和躁動不安的情緒，並在需要時提高適應力。

我們能不斷使用這八種本領重新定位自己的特質。

這八種本領可作為各自獨立的「觀察項目」，幫助我們分析自己在人生中的各個選擇。透過這些觀察項目，多多問自己：「我的故事是否符合我想要的人生？」你不只要回答「是或否」，你還得了解理由為何。如此一來你便知道，如果你想改變的話，要從何下手。

分析過去的藍點，就能找到現況的線索

假設你現在正要跳槽、攻讀研究所或搬到另一座城市，請放大檢視你某個人生藍點，看看能否發現與此決定相關要素。

別看整個故事，看那個藍點就好。在現象學中，我們稱之為「懸置」(Bracketing)，意味著拋開主觀情緒，不帶任何預設，單獨看待一件事就好。你發現了什麼？是否有牽涉到你的本領或某些時空因素？你有沒有放入故事中？那個藍點應該出現在何時何地；在事件前後，有沒有發生什麼事？

請記住，每個經歷都能前後延伸。每一個人生事件在發生前都有跡可循，發生後也不會馬上收場，而是會逐漸結束。大腦也會記下這整個過程。我們遇上某個事

件，經歷它，再走出它。事後，我們解釋這段經歷時，會先鋪陳、再描述事件發生的經過，最後交代結局。

就像一首歌，在我們耳邊響起又淡去。

懸置某一經歷，應該能發現場合以及相關人物所發揮的影響力。想想看，他們與你的互動是否密切，是否有誰參與度比其他人高，原因為何？此外，想想你發揮了什麼本領，你是探索者、沉思者或是流浪者？你感受到時間的壓力嗎？是否因此逃避現實，還是積極面對？

這一切都是為了讓你分析自己當時的感受。

請回到當下，停留在那一刻，大約八分鐘（假如你像馬拉松跑者一樣耐力絕佳，可以停留個十一分鐘），你發現了什麼？靜坐時，會感覺時間很長，但你只花了幾分鐘而已。接著回頭看自己的人生故事時，應該能發現更多資訊。

分析每一個藍點，就能為你的巔峰故事增加清晰度及一致性。做出重大決定前反思一下，將會清楚看出端倪，無論是要換工作、接受升遷、搬家、就學或養狗，等任何類型的決定都有線索可依循。

回想人生藍點，就等於回到那個自我學習的歷程，就像進入人生學習模式。你會看清人生的某一篇章。越常回想某段經歷，越能發現其中的枝微末節。

練習　**評估自己的生活等級：舒適、身心投入或有意義？**

時間到啦，應該來重新檢查故事了。

至今，我們做了幾項重要練習，我也提供了許多說明。而現在我們要看看你的生活水準如何。

你要將自己的生活以及人生樣貌與賽里格曼博士提出的「幸福類型」配對，這是檢查人生故事的好方法。看看你是否全力投入生活、展現價值，活出人生的目的及意義。

若你的幸福等級是「舒適快樂的人生」，這代表你的本質與故事尚未完整契合，發展方向尚未穩定。若是「身心投入的人生」，則代表大致上契合。當你過的是「有意義的人生」，代表你的故事完全符合當下努力的方向，無論是工作或其他志業。

以狗或馬爲例。牠們都有特殊功能，如看門犬、牧羊犬、賽馬、騎乘馬。那麼，你覺得自己是哪一種類型的動物。有些人像田野裡閒散的馬，過得輕鬆自在，卻沒有全力投入生活。有些人就像教小孩騎馬用的迷你馬；有些人像是賽馬，能發揮自己的天賦、力量和速度。但也有人奮鬥的動機是出於樂趣，而非贏得比賽。

排列你的故事和人生經歷，記錄下這些證據，因爲它們顯現了你的人生選擇。想想看，你能做些什麼，使自己的人生更上一層樓？

改善自己的處境是自我創作的本質。回憶過往、反覆檢視，自我與你所創造的巔峰故事便能達到一致。過程中，也想想自己的生活是否舒適快樂、身心投入或感到有意義。

接下來，看看你在故事中所設定的人生目標與現在的人生位置差距多少，並設法拉近兩者的距離。

慢慢縮小差距後，你就會過得更穩定而有目標，每天早上醒來都精神抖擻，就像充電完成一樣。假設你在企業人資部工作，但一直有當老師的夢想，那麼第一步就是檢查你現在是否過得渾渾噩噩。請記住，你一定有其他領域的才華。你可以換工作，也許薪水會少一點，但跟你的本質會更相符。

因此，換工作不一定跟薪水有關，還包括公司的文化、工作性質與家人相處的機會等。有些人不喜歡安靜的辦公室，有些人則喜歡遠端工作。

請記得，生活有兩種動機：「保持穩定」與「邁向下一個精彩的章節」，你得設法保持平衡。當然，金錢和人生意義會相互拉扯，要如何取捨，你是唯一能做決定的人。

這不光是生活型態上的轉變，而是人生的重大變革。

你想要達到的目標，想完成的夢想，你要自己好好檢視。因此，多研究人生故事的層次，對比幸福人生的三種階段，了解它們的細微差別，並找出證據，以作爲生活大小決定的基礎。

Story

Like You Mean It

CHAPTER 9

故事達人大考驗

為什麼要跟隨他人的腳步找自己的夢想？

——管理顧問，彼得・布洛克（Peter Block）

巔峰故事法能讓你做好準備，在勝敗攸關的高風險時刻成功展現自己的正面價值。但不要一開始就真槍實彈上場。沒有足夠的基礎練習，直接挑戰高台跳水是很危險的。講故事也是如此。你得先從低風險（失敗後果不嚴重）的情境開始練習，然後才進入高風險的實戰現場。

低風險的情境

第一次講述巔峰故事，請挑個低風險的場合，搞砸也沒關係。就像在兒童池練習游泳，水很淺，沒有溺水的危險性。或像在院子裡踢足球，沒人真的在意是否有人出錯。

話雖如此，還是要力求盡善盡美。你可不想把「希望」當作唯一的策略。低風險不意味著不用努力。你仍然需了解建構故事的方法、結構，並予以實踐。

做好準備。多次試講故事，並錄下來反覆聆聽。每次你都會更加清楚，如何將經歷的細節融入故事。

錄了五次也沒關係。如果故事只有三分鐘，你也不過一共錄了十五分鐘。這真的不算很久，花一點時間就可以完成。

傾聽自己的聲音，跟自己說：「這故事真棒！」找出自己的精彩經歷，並將其組織成一個有趣的故事，任何人都會想聽。

這麼一來，等你上場分享時，就會更有信心。你會在聽眾前面呈現出完整的自我——你真正的樣子。你告訴大家，你如何看待自己，也暗示對方該如何看待你。眾人都看得出來，你身上散發出自信，因為你清楚並深深相信自己的人生故事，而別人也會對你產生信任感。分享自己的巔峰故事，就是有這麼多好處。

在低風險的場合講完故事後，聽眾應該都會對你產生正面的想法，心中默默讚賞你：「他真的很了解自己。他在工作場合一定很罩得住，因為他真的很清楚自己的人生目標。」

講故事的機會無處不在，在咖啡館、機場、火車上都有機會。有時在正式會議開始前，你和一位同事閒聊，對方說：「嘿，最近在忙什麼？」這是一個邀請，他們想了解你，所以請你自我介紹一番。你必須事先想好如何起頭。你不會劈頭就說：「以下我要開始分享我的人生故事。」也請別說：「我講個故事給你聽吧！」這樣的開場太刻意了。

你需要開入高速公路的匝道，所以開場時可以這麼說：「跟你說件有趣的事。前幾天，我突然想起……」然後生動地講起那段經歷。

我先前有提到一位海軍軍官，他退伍後變成財務顧問。他都會以這樣的方式開場：「說起來蠻難忘的。十四歲時，我勇敢地跳上了火車，從奧爾巴尼搭到曼哈頓，當時我怎麼也沒想到，這件事會是人生探險的起點，一路走來，我現在成了財務顧問。」

從一個藍點接到另一個藍點，就會引發聽眾的興趣。以我自己為例，我在開場總會說：「我小時候很愛騎越野單車，而我的人生就是這樣到處闖蕩……」

講故事時，想想蘋果公司的廣告語「非同凡想」(Think different)。也就是說，人生故事要與眾不同，千萬別變成老生常談。講完故事後反省一下，今日表現得如何？聽眾有哪些肢體語言和表情？有對你產生好奇心嗎？你講故事的節奏和速度都要因地制宜，才能給聽眾對話的機會。

中風險情境

在低風險場合練習後，你會更有信心，知道自己有機會成功，並準備好要升級到中風險的場合。這是個漫長的過程。你不停尋找機會向旁人分享自己的故事，而且你的故事聽起來也很有說服力。

我指導過一位藝術顧問，她說：「我用巔峰故事向ＭＢＡ同學介紹自己，將藝術及金融兩個領域連結在一起。我們將一起度過兩年，應該多讓他們了解我的特質。」

通常，人們不知道藝術與ＭＢＡ課程有什麼關聯，但這位學員看到機會，於是在中風險的情境講述她的巔峰故事。

這不是工作面試的場合，僅是開學時的自我介紹。不過，她將和眼前這些高階經理人當兩年的同學，如果她一開始就搞砸了，之後就要花更多力氣挽回形象。他們不會馬上看到她的天賦和優勢，甚至會誤解她。他們不了解她的藝術天分，還以為她是文靜的公司主管。即便在課程結束時大家都混熟了，也沒有時間培養更密切的關係了。

從低風險升級到中風險情境時，通常是面對同儕、同事的場合，也就是得用顛峰故事來建立人際關係。這不是面試工作，也不是上對下的宣講。有些學校將巔峰故事設為選修課程，有些公司則把它當成教育訓練的一環，如此一來，同學與同事就能更快了解彼此。

隨著時間過去，大家會發現彼此更多的共同點。你們的關係會產生正向的變化，相處時更加自在。有些人分享戶外露營的經驗，有些人則拿出寵物的照片。隨著每一次更深入的交流，你們的合作關係會更密切，然後一起培養更高的美德。

卸下心防分享自己的故事後，對方也會有所回饋，而人際關係就是這樣開始的。

當你的所做所為符合巔峰故事，並實現自己的哲學觀，聽眾就會配合你想要的工作方式、朝你的目標前進，營造出你想要過的生活。聽過你故事的人會說：「嗯，他就是這樣。總是能發揮創造力，在技術上有創新精神。他總是解決問題並減少資源浪費。而且，他從小就是這樣。他在高中時就為同學做過類似的事。這傢伙太有才華了！」

聽眾成了你的粉絲，很棒吧！

高風險情境

成功挑戰低風險和中風險的場合後，就準備踏上大聯盟的舞台、面對高風險情境了。這時的你，已經能自在地分享、展現自己的特質了。你越常分享，就能得到越多回饋，面對不同場合就有更多應對方式。

在不同的環境中講故事時，先想想你的意圖，並分析聽眾及現場情境：

- 聽眾是誰？他們的身分、階層為何？有什麼特質？
- 現場的情境為何？確認地點和碰面的時間，是中午還是晚上？

• 要用什麼態度來講故事？要莊重，還是要搞笑？

學例來說，我想談自己學生時代對科學的狂熱：

前幾天，我回想起自己讀大學時多麼熱愛科學。有趣的是，在上大學前，我的專長項目是越野單車，還曾到全國各地參加比賽，但對於科學提不起興趣。現在我才發現體育和科學的關係。我熱愛冒險、勇於面對挑戰，如今才能成為有創新精神的教授。

因此，不管是身為運動選手或學者，我都抱持著探索和開創的精神。不過，我現在不用為自己爭取勝利，而是要發揮創造力去幫助他人實現、表達自我，以看見自己的價值和重要性。

講完之後，聽眾便能了解我的不同面向，也會更想與我交流。因此，在分享前要先分析聽眾的身分與喜好，並在故事中適時表達你的特質與才華。

留意社交線索，隨機應變

講故事時，一定要留意聽眾的反應，適時做些調整。不過，一定要保持故事的完整性，不可中斷某些情節或添油加醋。也就是說，要發揮你循循善誘和傾聽的能耐。

舉例來說，你在現場提到自己養了三隻牧羊犬，結果聽眾對狗貓過敏。為了化解尷尬場面，多數人都會提起身邊某個人也有過敏問題。但這麼說沒有用。相反地，你要繼續交代這段背景。

有些講者會急著否認：「其實，我沒那麼喜歡狗。」這很奇怪，畢竟你都養了三隻。你應該繼續強調狗狗對你的意義：「我喜歡這些毛小孩。牠們聰明又貼心，如果有人來我家，但會怕狗或有過敏問題，只要我一聲令下，牠們就會躲到自己的狗屋裡，等到客人離開才出來。」

維繫好故事脈絡，保持開放性，發揮創造力和適應力就能面對突發狀況。因此一定要留意社交線索，才能調整說故事的方式。

對自己越誠實，就越能了解他人

假設你的心靈有個調節器，請將它調到最大值，這樣便能適應不同的聽眾、場地及氛圍。與聽眾眼神交流，確定他們沒有露出皺眉或困惑的表情。看看四周、掃視現場的環境。辦公室中若有獎牌、勳章之類的物品，就表示對方有某方面的成就，或極度看重榮譽感。如果現場有宗教或心靈方面的象徵物品，那對方可能是照顧者、慈善家或人道主義者。事先查一下對方的事業背景，或看一下他們的臉書貼文，就能講出吸引他們的故事，並展現對他們的敬意。

保持開放，分析並整合你觀察到的細節，才能啟動對話和交流，與聽眾有更多連結，並以明快的節奏來講故事。於是，你把冷冰冰的商務會議變成了交心大會。聽眾的同理心會提高，並給予更多回應，讓你更加了解對方的背景。如果你是業務代表，就能更加了解對方的職場文化，而對方也會了解你的能力以及合作項目。

雖然我們講故事是為了呈現自我價值，但透過聽眾的反應，最終你會更了解他人。保持開放，調整講故事的方式，保留對話及停頓的空間，就能輕鬆優雅地與聽眾建立關係，並取得對方的信任、收到有用的資訊。這就是融入新學校或新公司的祕訣。

巔峰故事法最迷人之處就在此：只要與真實的自己建立密切的聯繫，就能自然而然地了解對方。

別急著亮出底牌

用開放的態度看待自己的故事，你便能自然地分享它。依照場合調整故事的節奏，便能即時應對聽眾的反饋。在講述過程中，有些聽眾會透露自己的經歷，或打斷你的故事，只要隨機應變，掌握好自己的故事主軸，放慢或加快節奏，就能化險為夷。

回到退伍軍人變成財務顧問的例子。他有位潛在客戶是海軍陸戰隊退伍，但他一開始不知道，而且對方還說：「我談投資的時候不喜歡扯一堆有的沒的。」因此，這位財務顧問便對自己的海軍背景輕描淡寫。

這就像寫作一樣，寫給校長、政府官員或商務人士的格式與用語都不同。有些部分要輕輕帶過，有些部分要加以強調；這就是調整故事的要點。

海軍陸戰隊員、工程師和風險管理顧問比較著重於分析事實。比起藝文人士，他們的言談風格比較簡明，也不喜歡話太多的人。面對他們，切勿囉哩囉嗦。

財務顧問發現對方的背景後，他只是說：「我這個人比較重視風險管控，所以我喜歡分析事物。我十幾歲時獨自坐火車去遠方找父親，一路上觀察的事情可多了。」聽了這番話，這位潛在客戶開始感興趣了，財務顧問才有機會將故事敘述得更完整。他透過觀察、傾聽克服了最初的交流障礙，並巧妙地提起他的經歷，成功引起了對方的興趣，並於最後取得對方的信任。

有奮鬥與合作的歷程，才算完整的故事

重要的是，巔峰故事法要逐步練習，還沒學會走路就想跑，一定會出錯。

我朋友彼得的家裡經營一間有百年歷史的工廠。彼得很愛講故事。有天我們在談論馬斯洛的需求層次理論，他說：「雷貝洛博士，我認為現況剛好相反。現代人都想實現自我，滿足頂端層次的需求，卻忽略了更基本的層次。」

同樣地，不要只顧著講你的美德故事，卻遺漏了勇敢及合作的經歷。

有些人老是在說：「嘿，我真的很想寫本書或創業。」卻拿不出證據證明自己下過苦功。他們的說詞就像海市蜃樓，無法證明他們能克服障礙。大家也無法相信他會與人合作，在團隊中發揮其價值與重要性，甚至有資格成為下一任的領導者。

千萬不要跳過故事的底部（勇敢）或中間（合作）層次。請保有巔峰故事的完整性，不要太急著分享故事而刪減情節。聽眾需要資訊來證實你正在努力前進。相反地，人們有時會誇大他們的勇敢故事，結果故事就偏離正軌了。就像足球或籃球選手一樣，不要一遍又一遍地原地運球。你的故事要有發展性，勿在一處停留過久。

請檢視故事各部分的篇幅是否相差太多。

用故事來緩和緊張氣氛

我有一個學生是公關公司的主管，還在教會當志工，協助去參加領導課程的教友。有一天我們通電話，我問他過得怎麼樣，他說：「一切都好，羅貝洛博士。只是我的鼻子被揍了一拳。」他接著說：「好吧，實際上，不光是鼻子，連胸口都被狠狠揍了一下。」

他當時和幾名運動員在一起分享見證。有位教友談到自己的感情問題，我的學生回應他：「你必須釐清這件事，否則你會用錯的方式指導其他信徒。」

這時，一個高大壯碩的摔跤手加入談話，他說：「誰給你權力指手畫腳？你憑什麼給我們意見？」

「你什麼意思？我憑什麼？」我的學生站了起來，與眼前的魁梧大漢對峙，毫不退讓。

這位公關人員平常都彬彬有禮，卻難得動怒了：「我是誰？你看看我都跟哪些人來往……」他給對方看了一封媒體界大老寄給他的電子郵件。

摔跤手聳了聳肩，好像在說：「這傢伙是誰？憑什麼指導他人去處理人際關係？」

我的學生發飆了，他把自己的故事留在口袋裡。拿起手機裝大牌是錯誤的舉動；正確的做法是好好分享自己的人生故事。結果，那個摔跤手揍了他一頓。

我問他：「你那時在想什麼？」他回答：「我腦袋一片空白。我氣炸了。」

因此，講述自己的故事時，必須對他人的回應持開放態度。當你感到情緒高漲時，不要失控；深呼吸，繼續回到故事中。即使爆發衝突，你也能透過說故事安撫彼此的情緒，避免情況更加惡化。

這樣學生當時應該趁機說說自己的故事：

我小時候很胖，朋友很少。我有隻狗名叫「教練」，只有牠不在乎我的身材，總是在我感到沮喪時陪伴我。帶牠散步時，我會跟牠分享很多心事。因此，我還鼓起勇氣加入貧民區的籃球隊，我是隊上唯一一個白人小孩。打球有助我減肥，並學會與不同背景的人合作。我覺得自己被接納了，他們也意識到白人不全是種族歧視者。因此，突破逆境真的很重要。

傾聽真的是非常重要的能力。身為公關人員，應該顧及每個人的需求。我想要建立人與人之間的連結，並確保每個人都感到自在。就像「教練」那樣幫助我。

我的學生嘆了一口氣，苦笑著說：「博士，我當初應該這樣講的。」

我回答道：「你的人生有許多感人的片段，只要講得好，就能打動人心。你小時候覺得自己不被接納，而狗狗陪你走過沮喪的日子，讓你有勇氣加入籃球隊；你的合作故事是加入籃球的經歷；最終，你以基督教的美德建立自己的領導風格，經營一家正派的公關公司。這就是你完整的巔峰故事。但你講到一半，因為你太在意聽眾的反應。」

任何人講述故事時都會受影響而偏離正軌，只要拉回自己的注意力就好；千萬不要跟比你高大的人吵架。

隨著人生前進，總會有新的人生藍點

在低風險及中風險場合中，要多多練習視情況調整故事的內容，在高風險場合你就會更敏銳、更懂得隨機應變。從此以後，講巔峰故事就成了你的天性，而其內容呈現的就是真實的你。

請記住，你的巔峰故事還有續篇。你還在人生道路上走著，會繼續蒐集並闡釋新的人生藍點，只是現在你有了指南可循。隨著時間推移，故事中的人生藍點可能會變化、調整，或者為新的藍點所取代。人生尚未停止，你可以替換不同的藍點，或排出不同的優先順序。

但不管藍點如何變動，你的核心故事都不會變。它能作為人際交往的工具，使他人對你產生正向的看法。你要以核心故事作為生活的依循，也要將它當作自我表演的工具，以深刻呈現「我是誰」以及「我正成為誰」。

欣賞他人的巔峰故事

你已花了這麼多時間研究自己的特質，在關於自我的宇宙中，你已經是博士了。恭喜你！如此全方位地了解自己，是非常難能可貴的事。

那麼，你對他人了解多少？你能在他們的故事中發現形塑自我的經歷嗎？

觀察、模仿他人是人類天生的學習方法。我之前學巴西柔術時，教練總是問：「你看清楚他的動作嗎？能試著做一遍嗎？」我的女兒艾比跟著她祖母學習縫被子。伴隨著縫紉機轉動的聲音，祖母說：「妳看到布料如何翻面嗎？」艾比回答：「嗯，看到了。」祖母總是請她觀察事物，並會問：「妳看到了什麼？」

好的教練或老師會給學生機會去自行觀察、學習技巧，學生可以由此展現他們的自學力。既然你已經知道巔峰故事的主題與結構，就能在他人的口中找出類似的故事。

巔峰故事法是一個參考框架，能用於詮釋他人的人生故事。你可以聽聽其他家人的故事，或是聽同事講起自己的經歷，也可以看TED演講，觀察講者如何自我介紹、陳述資歷，或者在通勤的路上聽聽播客節目。

我推薦大家讀一讀大衛・戈金斯（David Goggins）的著作《我，刀槍不入》（*You Can't Hurt Me*）。這位前美國海豹部隊隊員談到他在體能及心智上的成就。我在遛狗的時候聽了這本書，想著他的故事，我問自己：「人生最糟糕的情況是什麼？」

戈金斯加入了海豹部隊後，才經歷到形塑自我的合作經歷。他退伍後，繼續參加惡水超級馬拉松等耐力賽，還創下了全程馬拉松三小時八分鐘的個人紀錄。

戈金斯是所謂的「障礙免疫者」，他總是在挑戰各種難關。這就是巔峰故事的典範。除此之外，我朋友里奇・羅爾（Rich Roll）的著作《奔跑的力量》（*Finding Ultra*）也值得一讀。

無論你選擇哪本書，請試著找出跟培養合作精神有關的橋段，並觀察作者的美德在何處萌芽。如果你對運動員的人生故事沒興趣，可以閱讀蜜雪兒・歐巴馬或喜劇演員傑瑞・史菲德（Jerry Seinfeld）的作品。史菲德在其節目《諸星乘車買咖啡》（*Comedians in Cars Getting Coffee*）中，採訪了其他喜劇演員，從而了解他們的人生故事；這是非常寶貴的資源。

他人的閒聊也值得一聽

從他人的自傳和散文，就能汲取其寶貴的經歷。TED的講者都會分享自己攀升至頂峰的經歷。他們的演說篇幅不長，但非常精彩，其人生的轉折點總令人非常驚奇。我前面提到的賈伯斯演講詞，更是經典中的經典。

一般人在閒聊時，比較不會說出有層次的巔峰故事，但當中許多片段，都具備勇敢與合作的元素。因此，聽別人聊天，就像夜晚觀星一樣，時而晴朗時而多雲。你得細心傾聽，才能發現動人的故事。

觀察聽者的反應，當他們聽到勇敢的經歷時，是否會表現出讚嘆的樣子。另外，看看講者說話時是否全心投入、充滿活力？他們會改變語氣嗎？聲音聽起來是否有吸引力？若他們談到令人神往的過去，也對未來充滿希望，那就是最棒的一段對話了。

雖然每個人都有值得一提的經歷，也有自己鋪陳故事的方式，但大多不會把它們串成完整的故事。人們會興奮地分享一些片段，但不會延伸、連結到其他的經歷，所以無法構成巔峰故事。更糟的是，他們會加油添醋，做出多餘的解釋。

你所能做的，就是耐心傾聽他們的描述，並在心中蒐集亮點，默默拼湊出完整的故事。講者沒把藍點連起來，聽眾只好自行腦補。

此外，當你看到有人被要求自我介紹時（「談談你自己吧」），不妨觀察他的表現。有些人完全不知道自己的故事主軸，也不知道要給聽眾什麼資訊。他無法將自己的經歷組合成有意義的人生故事，只是一堆流水帳。

如果講者是你的同事、夥伴或信任你的人，你不妨在現場提醒他：「請問你想表達的重點是……」倘若他的職位或輩分比你高，就別給自己找麻煩了。事實上，每個人都需要一些回饋和更多分享自己故事的機會。

因此，下次你聽到某人自我介紹（比如團隊的新成員）講得七零八落，那麼事後你可以前去提點一下，讓他知道鋪陳故事的要訣，大家會更熟悉他在工作上的人格特質。

如果這本書對你有幫助，也不妨直接送他們一本。羅貝洛博士在此感謝你。

找回工作的熱情

我在本書開頭提過，一般人的自我介紹聽起來都差不多，令人昏昏欲睡，所以我們很難專注聆聽這些陳腔濫調。這該如何改善？

在組織中，成員得快速認識、了解彼此的特質，才能攜手合作，順利完成任務，從而提高組織效率。生產力就是技能（Skill）與職能（Job Competency）的結合。不同的位置需要不同的職能，但如果工作夥伴或雇主不了解你，你就得不到適合的職位。有些人本質上是個照顧者，適合做人力資源管理，卻只能繼續管理財務。

多年前，一項蓋洛普民調顯示，美國工資總額的三分之二都沒有發揮效用，因為上班族都在「安靜離職」，只想消極地應付工作，不想付出太多熱情。事實上，這對雇主和員工都不是好事。

大多數的人很早就偏離了人生志業的軌道。他們在年少時就懷疑自己走錯了路，卻從未得到指引，或被帶往錯誤的方向。有些家長經歷過經濟大蕭條時期，所以對孩子說：「當工程師吧，永遠不怕沒工作！」於是孩子便把自己藝術創作夢想鎖在心靈深處。

一般人很少在中學時學著去做重大決定，也不會考慮畢業後的理想與志業，直到去念大學後才開始自我探索。有些人對做研究感興趣，但也有人喜歡社團活動，多花了一年兩才拿到畢業證書。有些人畢業後去從事有意義的工作，例如投身非營利事業。

如果他們學會顛峰故事法，就更能找出人生志向，將自己的興趣、能力及人生經歷連結起來，以發揮自己的能力。除此之外，同學還有其他方法能找到自己的志趣，如大學選系輔導、就業諮詢或是校園徵才。否則他們就只能去做毫無興趣的工作，浪費自己的人生與公司的資源。

可惜的是，在社會的教導下，人們在工作上冒充別人（而不是做自己），結果兩敗俱傷。理想上，我們應該發揮個人的本質與特長，以提升對生活的參與度和幸福感，讓自己的工作、休閒生活和精神世界更加圓滿，而身邊的人也會感受到你的熱情。當每個人都找到自己的方向，整個社會就會更加團結、創造更多有價值的事物。

巔峰故事法有助你投入生活，讓你更敏銳、更有覺察力，更懂得發掘人生故事，無論是自己或他人的。接下來，我們要學會將「故事鋪陳」成為人生的核心活動。

練習 以他人爲師

發掘他人的人生故事很有趣，就像我們之前讀了賈伯斯的演講稿。不管是觀看TED演講、閱讀成功人士的自傳甚至是研究他人的履歷表，都能帶來許多收穫。

找出這些內容的人生藍點，標出重要時刻，包括勇敢與合作的經歷。如果講者分享完勇敢故事後就直接跳到美德階段，那我們就難以確認他是否能與他人共事。有時，人們所講的故事中間有斷點；有些故事會深深吸引你，你也明白箇中原因。

在日誌中記下：你在哪裡聽到這個故事？其中包含哪些藍點？它們在故事中發揮哪些效果？哪些缺乏意義？找出它們的優點，並應用到你自己的故事中。

就像廚師的味覺測試，分析他人的故事要素，你就能從業餘人士變成說故事的行家。專業的演講撰稿人常常在分析其他人的演講，找出引人注目的部分。檢查你聽到、讀到的人生故事，看看你能不能找到勇敢、合作和美德經歷。

仔細聆聽別人的故事，就知道如何調整自己的故事內容和講述方式。此外，你也能看出對方哪一段講得最好，哪一段毫無意義。越常分享自己的故事，就越善於分析自己的人生經歷。成爲說故事專家後，你找尋素材、建構故事的速度就很快，還可以把精力留在分享的場合，讓更多人知道你的故事。

Story

Like You Mean It

CHAPTER 10

重新與他人和世界連結

想改變世界，就先改變一個地方。
地點在哪裡？就是你所在的角落。

彼得．布拉克

我在前幾章引用了哲學家胡塞爾與齊克果的話：「我必須達到內在一致性」，以及「要理解人生，必須往後看；要過人生，必須往前看」。

這兩位大師提醒我們，許多事情都有連結關係：自己的人生故事、其他人的經歷以及周圍的世界。由此看來，巔峰故事法就像終極連接器，使你成為生命的參與者，而非旁觀者。

別忘了，現代人在網路上頻繁聯繫，卻關係淺薄。我們活在資訊爆炸的世界，透過社群媒體，隨時能看到許多人的簡介和頭貼。但我們卻把這種空洞的網路連結誤認為真實的人際關係。還記得我們講過的「暫時身分宣告」嗎？社群媒體上的身分一和現實接軌，就會瞬間冰消瓦解。

理論上，科技有助於提升生活參與度，使我們脫離重複單調、無成就感的工作，無論在辦公室或生產線，都能進行更有創造力和思考力的活動。但實際情況並非如此。大家過度依賴科技產品，如滾雪球般，把時間都用在遊戲和社交媒體上。

因此，最好抽空放下手機，暫且從數位世界中抽離，在大自然中漫步，或去運動健身。就像冥想一樣，脫離網路，就能留下一些個人的時間與空間，並找回與世界真正的連結、建立充實的人際關係。

平常多訓練，才能培養說故事的能力

整理人生故事，我們就能回歸自我、安穩身心，還能重建真實的人際關係。由此看來，「講故事肌群」也是「人際關係肌群」。

長期以來，你已失去講故事的能力。生活很忙碌，所以其實也不是你的錯。但是不多練習的話，心智肌群會萎縮，說故事的技巧會變差。

在低風險、中風險和高風險的情境下分享故事。就能增強各方面的心智肌群。透過故事，你想起了自己曾勇敢克服障礙，也想起與他人的合作經歷。最後你明白，投入熱愛的志業才能樹立美德、實現理想。

現在開始，你必須不斷講述你的故事。當然，你不必像自動語音系統一樣，一字一句都不變。重複演練是為了保持彈性，以便在不同的場合中，以不同的方式、順序展現故事的主軸。總之，這是一套終生的訓練計畫。

你著重運用的二到四種本領推動你在人生路上前進，並使你保持自我一致性，進而形成生氣勃勃的巔峰故事，透過這些本領，你創造了真實而生動的個體，並清楚呈現了自己的動機。

一旦做到這點，便能與他人建立真正的關係，而不只是短暫的聯繫。無論是要領導團隊或開發業務，無論你是組織中的新領導者、實習生或學校的新老師，只要碰上自我介紹的場合，你都能以更好的溝通力去應對。

NBA運動員在上場前，一定會熱身、練習各種投籃動作，在關鍵時刻，他們也總是會抓住機會表現戰力。同樣地，為了自我提升，一定要抓住機會分享你的故事，將它帶到新的地方和空間。

反覆練習是成功的祕訣。喜劇演員傑瑞．史菲德喜歡做筆記，他總是一遍又一遍重寫自己的段子，直到走向麥克風前的那一刻。職業球員和專業演員也一樣，上場前總會一次次地演練。重複練習及彈性微調，才能有出色的表現。因此，請不斷檢視自己的表現。請確認你故事發生的背景，加強你與聽眾的連結，若內容太空洞，請增加佐證的細節。運用個人風格講述人生故事，才能呈現你的身分。

記住，你不是在虛構故事，所有內容都確實是你的經歷；你只是以特定的方式傳達這個故事。

透過巔峰故事來自我成長

巔峰故事法非常靈活，無論你何時開始運用，都能與你的人生道路貼合，但前提是你要持續練習。

有些讀者會想：「我讀過這本書了。我已為演講、面試或高風險的社交場合做好了準備了。」還有些讀者認為：「我讀了這本書，跨越了某些人生障礙，並感受到一股內在的自我凝聚力。我覺得自己振作起來了。哇！這比諮商還棒。」

聽我一句，先別這樣想。

的確，你創造了自己的故事，可以在人生已完成清單上打個勾，但還不能停下腳步。多年以來，我們都會追蹤自己的成長歷程。十三歲時，你才知道為何爸媽沒有住在一起。上大學後，你才真正理解高中歲月的意義，然後是就業問題、中年危機……

有意識地回顧人生，任何里程碑或轉變都能產生深遠的含意。每個人都想有所提升，都希望終有一日能做有對自己有意義的工作。因此，若想跨出舒適圈，請多訓練故事肌群，想清楚下一步要去哪裡。

在此分享我最喜歡的一句話：「躍動的人生才充實。」這句話不用多加解釋。但是，你有好好想過自己做過、看過、感受過多少事情嗎？

創建豐富的巔峰故事，用自己的方式講述它，就能創造出有價值與重要性的自我形象，還能改變大腦的運作，促進神經細胞的連結。神經科學家大衛・伊格曼（David Eagleman）指出，所有神經元都在爭取上場的機會，而大腦會做出相應的調整。他用「慢性調整」一詞來形容大腦在學習新事物、適應環境與面對逆境的過程。按照你創建的故事與培養的才能，大腦會長期自行調整，重新排列神經通路。所以，從你開始學習巔峰故事法的那一刻起，大腦就已經改變了。你學會整理往事，並與人分享那些經歷；你更了解自己現下要扮演的角色以及人生意義。

因為大腦的運作模式變了，所以你對於自己所處的人生位置有不同的感受，整個人煥然一新。

說故事改造大腦

伊格曼提到，「神經可塑性」是指大腦改變神經通路的能力。有些人在工作場合充滿自信，跟夥伴的關係也很密切。當他們整理自己的故事時，大腦就會發生變化。最終，他會更樂意分享自己的巔峰故事。伊格曼提到，活化的大腦能夠「即時布線」(livewired)，隨時掌握現況。簡言之，你就是大腦硬體的主宰，也是自我形塑與成長的驅動程式。你能掌控自己的生活方式，成為終極的「自我創作者」。

伊格曼解釋道，業餘和職業足球員之間的區別在於，前者經常被抄球。因為業餘選手會不斷思考自己的動作，所以肢體語言和臉部表情就會洩漏訊息，於是球很容易就被抄走了。另一方面，職業球員只靠身體的自然反應，毫無徵兆可循；身體或表情發出的信號反而是誘敵的假動作。他們不會自亂陣腳或停下腳步。

同樣地，你剛開始講述巔峰故事時，就像業餘球員一樣，會不斷盤算各種影響因素：聽眾的性質、風險、你的樣貌和穿著等。你知道不能讓球被抄走，所以在前往高風險場景前，做了大量的準備，並在低風險和中風險場合反覆練習。

而當你成為講故事專家時，會有兩個特點。第一，你調整故事的反應更快了。即使面對不熟悉的聽眾，或是一進場就得說話，你也能喚起大家的共鳴。第二，講故事更不費力了。根據伊格曼的理論，業餘足球員的大腦活動比職業球員更活躍，因為前者太在意自己的動作，而後者融入到比賽中，身體放鬆而充滿自信。同樣地，你與故事合而為一後，便能行雲流水地講出來，也更容易調整內容。

由此可知，建構巔峰故事，就能促進大腦活動。每次你鋪陳故事，都更能意識到不同的細節。與故事融為一體，就能用它來描繪自己的人生。此外，你也更懂得運用肢體動作跟語調來傳達訊息，也會依場合來挪移或縮減故事的內容。你的自我覺察力因此不斷提高，人生也會活得更有意義。

抓住機會就開講

說故事有助於建立關係。不斷講述人生故事，就可以把自己變成「終極連接器」，在個人奮鬥的領域中獲取他人的目光。今日，每個人都有講故事的特權，不管是高階經理人或底層員工，任何人都可以談到自己的經歷。但關鍵在於，你必須說出真材實料的故事，並隨時抓住發表的機會。

巔峰故事呈現了你的才能與人生主題，而聽眾會更加認同你所追的目標。聽眾在你的過去與未來間穿梭，所以更加明白你的價值。無論你是理財顧問、老師、藝術家、社造員、護理師、醫生或軍人，都能說出令人信服的巔峰故事、證明自己的成就。

講故事就是在人們的大腦中播種，在他們的想法中萌芽。播種的範圍越廣，向你拋出橄欖枝的人就越多。大家會轉述你的故事，讓越多人對你感興趣。

猶豫不是你的盟友，隨時做好準備，一有機會就開講。

前面提到，現代人渴望自我表達及創造意義，而巔峰故事法正好能派上用場。透過這套系統性的方法，你就能整理與講述自己的人生；你不但能因此受益，還能把它傳授予他人。

找到你的故事

人們總是不斷尋求連結、試圖建立關係，透過他人的巔峰故事，我們得到許多啟發。我們討論過賈伯斯的演講詞，也提及了大衛・戈金斯的著作。接下來我們談談喬・塞納（Joe De Sena），他是斯巴達障礙賽的創始人，最近還收購了競爭對手泥巴硬漢賽（Tough Mudder）。他公開談過自己的人生故事，這與他的事業也有關係，許多創業家和管理人都對這些經歷產生共鳴。大家都很好奇，這位前華爾街的金融專家為何要創辦一家運動公司、舉辦規模龐大的障礙賽跑。

再看看瑪姬・羅傑斯（Maggie Rogers）的故事，這位歌手師從菲董（Pharrell

Williams），她在紐約大學的大師音樂班上被發掘，並以獨特的民謠風格獲得了葛萊美獎提名。

瑪姬的創作之路、塞納的運動事業以及戈金斯的長跑生涯為何蒸蒸日上？因為他們所投入的事業與自己的身分認同緊密相連。同樣，你的人生使命也取決於你的身分認同。透過人生故事，你就能了解他人，知道他們在做自己擅長的事。

吉米・艾倫（Jimmie Allen）的動人故事

黑人鄉村歌手吉米・艾倫是我的好友。黑人鄉村歌手屈指可數，有名的只有戴利斯・路克（Darius Rucker）、寇博伊・特洛伊（Cowboy Troy）、查理・普萊德（Charley Pride）、亞倫・納維爾（Aaron Neville）等。

我聽過吉米分享他的故事，之中包含許多勇敢的元素。他在參加選秀節目《美國偶像》後大受歡迎，成為鄉村音樂的新星。他最著名的單曲是〈傾盡所能〉（Best Shot）。

然而在成名前，他常常睡在車子裡，到健身房洗澡。他曾與珠寶品牌Alex and Ani合作，在他們的店裡表演。後來他搬到田納西州，並找到了他鍾愛的音樂類型：鄉村音樂。

這段經歷構成了現在的他。我女兒不相信我認識他。我告訴她：「萬事起頭難。你知道嗎？他以前得睡在車裡。」她說：「真的嗎？你有看過他的福特小貨車嗎？這真是不可思議！」我回她：「沒錯，好像奇蹟一樣。」

吉米現在有輛很讚的小貨車，還與戴利斯・路克合作，要創作更多更棒的音樂。吉米是個才子，而他之所以非凡，是因為他不畏艱險走上了這條道路。他一路上的點點滴滴構成了他今日的身分，也是他為自己寫下的人生故事。

艾倫就是「故事與人融合」的好例子。在這種狀態下，你會知道過往經歷與現下人生的關係。你挑選出某些經歷來組成故事，以反映你在工作、生活上的價值與重要性。

講故事是你的天職。多年前，我在TEDxPublicStreet演講中提醒大家：「打造你的真實故事吧！」那次演講過後，我發現自己的人生主軸和講故事的力量。願這句話也能幫助你開啟人生的新篇章。

這是你的故事，
你的真實人生故事。
若你尚未入戲，請好好扮演你的人生角色。
上天領你來到這裡，是有原因的，
遵從你的使命，並予以實踐。
我們心中皆充滿愛，請展現你的愛。
工作能為你的人生加分。
多多回饋，與人互相連結。
講故事是天性，

有意識地創造你的合作故事。
少點批判，多點鼓勵，保持內心平靜。
受到祝福的你，用愛重現故事的力量。
打造你的夢想故事，安放你的靈魂，
在實踐中找到靈感。

練習　活出你的巔峰故事

想一想你聽過的人生故事，有些讓你走神，有些出眾不凡。現在，輪到你上場了。你有權講自己的故事。你有未來的計畫，也有許多經歷。你要與你的故事合而爲一。

若想保有這個故事的真實性，就要多多分享，可別只是放在心中。時常留意開口的機會，才能多鍛鍊心智肌群。

制定鍛煉計畫，與自己的故事融合，就能用它點亮許多空間和場所，展現你在工作上的價值，與周圍環境建立重要連結。看看你接下來的行事曆，尋找機會上場打擊，展現自己能給團隊帶來的價值。

講故事有很多道德規範，最基本的原則就是「不說謊」。不要用你的故事弄虛作假、欺騙他人。這樣既不尊重他人，也不尊重自己的人生。

多多練習巔峰故事法，開口說話就不會吞吞吐吐。進入各個場所時，你能保持注意力，不會再像以前那樣茫然而不知所措。人們對你的反應會有所轉變，你已改變自己的大腦，也改變了對方的認知。這一切的變革，都是你自己完成的。給自己一個掌聲！

你找回了創作人生的能力，啟動了更多的本領，這就是說故事的力量。

結語 ››› 用故事為他人創造能量

一路走來，你不斷學習用巔峰故事法來打造故事、展現你的身分，使其符合當下的人生位置與理想中的生活和職涯。巔峰故事法還能幫你提升自我價值，扭轉他人對自己的錯誤印象。現代人很少面對面交談，而這套方法能促進人際交流，使我們暫時放下高科技產品，與人建立真實的關係。

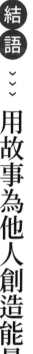

現在你已知道巔峰故事的組成要素了：勇敢、合作及美德。這樣的組合有其意義，無論你從事哪種職業，都一定得克服某些障礙；也得與他人合作才能完成各種任務。最終，每個人都想投入熱愛的志業，以成就人生的美德時刻。

結合這些經歷，組成你的巔峰故事，寫出自己精彩人生的劇本，描繪你現在與未來的藍圖。巔峰故事的結構有助於人際交流，因為每個人都有這三種經歷（但也許未曾發現)。因此，聽眾會產生共鳴，因為他們都曾克服困難、與他人攜手合作，且希望從事有意義的人生志業。

用這種方式與他人建立連結，會帶來正向的成果。分享你的巔峰故事，並得到回應時，就能吸收到強大的能量。透過深刻的反思，你建構自己的角色，並以此身分與他人交流互動。對方了解你後，就有理由信任你。這就是人性。你的人生故事透露你的價值，聽眾對你的評價就會提升。他們會變成你的粉絲，向他人推薦你，甚至把你留在身邊，因為大家都喜歡和帶有正能量的人在一起工作。

就我的工作而言，我是能量的傳遞者，希望啟發你去進行自我探索。我一再強調，自我探究是最有價值的研究。現在你知道這個道理了。

請反覆翻閱本書，折書角、劃線、寫筆記都好，但記得要去實踐。這本書是你人生道路的指南，所以要定時記錄自己的進度。

透過巔峰故事法，我們回溯過往、覺察當下狀態並想像未來的道路。想改變人生，就先就改變故事；大腦的運作會轉變，故事會不斷延續下去。最終，我們能實現馬斯洛所說的心理健康。

移除心理的障礙後，清晰的道路出現在眼前。你將繼續收集人生藍點；美好的時刻會不斷到來，你會繼續盤旋上升到另一個巔峰。

在現實世界中，人類總是自然而然被山峰所吸引。在波士頓舉行的國家點字出版社（National Braille Press）年會上，我和登山專家艾瑞克．魏亨麥爾（Erik Weihenmayer）聊了一會。這位盲人冒險家攀登過世界各大高峰，包括珠穆朗瑪峰。艾瑞克很會講他的冒險故事和旅行經歷，包括他曾沿著科羅拉多河順流而下。

有些人講完故事後，聽眾會一直記著那些人生經歷，難以忘懷。因為它具有豐沛的正能量，能在聽眾的大腦不斷徘徊。它改變了聽眾的神經連結。由此可知，故事不但影響了聽眾，也改變了工作場所、家庭生活以及人際關係的氣氛。大腦就是喜歡聽有趣的故事。

心理學家艾瑞克．艾力克森（Erik Erikson）以人類發展理論而聞名，他曾表示：「我的過往成就了現在的我。」如果你的故事很有感染力，那它就會留在聽眾心中。

也許你是生活辛苦的外國移民，又或許你在學校對抗霸凌你的同學，又或許你終於鼓氣勇氣換工作，都是值得分享的經歷。

若你的故事夠精采，就會停留、根植於觀眾的腦海中，並形成你的個人形象，還會展現你的價值與重要性。這個故事生動地呈現了你的人生歷程，將你讀過的科系、現下的工作以及未來的藍圖串連在一起。

正如艾力克森所說，人的過往成就了現在的自己；而你的人生故事成就了現在的你。

致謝

家人

- 感謝妻子Shannon的陪伴，在我撰寫此書過程中，她提出了許多客觀的意見。感謝我的孩子們，Alex與Abby，感謝你們願意在自己的人生道路上實踐巔峰故事法。感謝父母一路陪著我，從小就允許我用自己的方法洞察人生。也感謝Jay和Sandy Ryan夫婦，撰寫此書的過程中，你們始終抱持正向的態度並給予關心。感謝我的祖母Maria Alice，她不斷與我分享自己的故事。

教育單位

- 感謝羅傑威廉斯大學的教職人員、工作人員、同學和Lambda Eta協會的朋友，在這裡，我才學會如何更深入地思考世界。感謝 Raymond Murphy 和 Barbara Ilardi 邀請我參與豐富多彩的對話、研究，以及各式各樣的社群。感謝 Ed Deci 的指導，並帶領我了解自決理論的精髓。感謝聖拉菲爾學院（Saint Raphael Academy）為我提供了一個安全、資源豐沛的環境，讓我開始理解身分認同的概念。

- 感謝杜肯大學（Duquesne University）將現象學帶入我的生活。
- 感謝賽布魯克大學（Saybrook University），並感謝 Thomas Greenin 親身與我分享他與心理學家馬斯洛及羅洛・梅的過往故事，並以此鼓勵我。感謝 Amedeo Giorgi，有他的指導，我才能熟練地在我的研究中使用現象學方法。很榮幸能在這段旅程中吸收你的見解和回饋。另外，感謝 Dennis Jaffe、Nancy Southern 以及 Chip Conley，我們在賽布魯克大學認識，從那以後便保持著良好的關係。
- 感謝國際人文科學研究會議（ＩＨＳＲＣ）的研究人員、學者、從業人員和朋友們，並且特別感謝 Scott Churchill、Rebecca Lyold 與 Celeste Snowbar 慷慨接納我加入渥太華大學的ＩＨＳＲＣ。

- 感謝我在羅傑威廉斯大學的同事。感謝Gena Bianco與Jamie Scurry的規劃，將我的研究成果融入了「羅傑威廉斯大學學院」課程。感謝Ame Lambert邀請我參與多元平等包容計劃（DEI initiatives），我因此認識了另一位值得信賴的同事——佛蒙特大學多元化計畫領導者Wanda Heading-Grant。感謝羅傑威廉斯大學校長Ioannis Miaolas以及教務長Margaret Everett，感謝你們一直以來對我在工作上的關注與支持。

同事與學員

- 感謝James Lawrence無盡的友誼、忠告和支持。
- 謝謝Joe De Sena、Barnaby Bullard、Kristen Schreer、James Haught詹姆士·霍特、Joe DiStefano、Tony Collins、Kimberly Kleiman-Lee、Elizabeth Shanley、Serge Bouyssou、Christopher Lisanti、Taino Palermo、Andre Davis、Margaret McKenzie、MD、Scott Pyle、Joe Wein、Justin Thomas、Candice Nonas。感謝你們信任我並與

我分享你們整合工作與生活的成果，我們共同創造的成果激勵了我。

- 感謝CVS多元化供應商高管學習計畫的參與者，感謝你們分享自己的故事並豐富我的經歷。感謝Michael Tannenbaum和Paul DePodesta邀請我進入NFL和MLB的世界，感謝Rob Elwood在運動腦力學院計畫上的不懈努力。
- 感謝在拉斯維加斯的合作夥伴：Amanda Slavin、Arlene Samen、Tony Hseih、Terra Naomi、David Gould、Rich Roll以及Robin Arzon。
- 感謝我在紐約的合作夥伴：Bari Musacchio與Al diMeglio，感謝你們的故事分享。並特別紀念AJ Pappalardo，我每天都在思念你。
- 感謝在伯克希爾的合作夥伴：Deb 和 Devon Raber夫婦、Josh Mendel、Barbara Malks、Kimberly Roberts-Morandi。感謝你們採用巔峰故事法協助麻州北亞當斯的學生。感謝Sprague家族、Cynthia Sprague以及「魅力基金會」(Charisma Fund)，感謝你們對該地區學生與教育工作者的支持。
- 感謝Darrin Gray、Tyrone Keys以及Chris Draft，感謝你們讓我分享巔峰故事法，

感謝你們在非營利事業上的努力。我能感受到我們故事的力量。

- 感謝 StoryPathingTM 認證的職業教練、講師和推廣者：Deeana Burleson、Adam Latts、Barnaby Bullard、James Monteiro、Nia Monteiro、Joshua Mendel 以及Jamie Hamilton。
- 感謝 Lioncrest Publishing 和 Scribe Media 團隊：Kacy Wren、Christina Ricci、Rachel Brandemberg。此外，特別感謝 Tim Cooke，感謝他的悉心傾聽與敏銳判斷，隨著我一路顛簸，完成了這本書。

The Power of Thinking without Thinking）

謝家華（Tony Hsieh），《想好了就豁出去》（*Delivering Happiness*）

亞伯拉罕・馬斯洛（Abraham Maslow），《馬斯洛人性管理經典》（*Maslow on Management*）

羅洛・梅（Rollo May），《人的自我尋求》（*Man's Search for Himself*）

同前，《愛與意志》（*Love and Will*）

同前，《創造的勇氣》（*Courage to Create*）

卡蘿・皮爾森（Carol Pearson），《內在英雄》（*The Heroes Within*）

馬汀・塞利格曼（Martin Seligman），《真實的快樂》（*Authentic Happiness*）

同前，《邁向圓滿》（Flourish）

安奈特・西蒙斯（Annette Simmons），《說故事的力量》（*The Story Factor*）

雪莉・特克（Sherry Turkle），《重新與人對話》（*Reclaiming Conversation*）

參考資料

約瑟夫・坎伯（Josepf Campbell），《千面英雄》（*The Hero with One Thousand Faces*）

奇普・康利（Chip Conley），《巔峰》（*Why Great Companies Get Their Mojo from Maslow*）

笛卡爾，《沉思錄》

查爾斯・杜希格（Charles Duhigg），《為什麼我們這樣生活，那樣工作？》（*The Power of Habit*）

卡蘿・杜維克（Carol S. Dweck），《心態致勝》（*Mindset*）

大衛・伊葛門（David Eagleman），《大腦解密手冊》（*The Brain The Story of You*）

艾瑞克・艾瑞克森（Erik H. Erikson）、瓊恩・艾瑞克森（Joan M. Erikson），《生命週期完成式》（*The Life Cycle Completed*）

霍華德・嘉納（Howard Gardner），《決勝未來的五種能力 》（*Five Minds for the Future*）

安東尼・紀登斯（Anthony Giddens ），《現代性與自我認同》（*Modernity & Self-Identity*）

麥爾坎・葛拉威爾（Malcolm Gladwell），《決斷2秒間》（*Blink!*

人生顧問　483

你的人生就是最好的故事：勇敢、合作與美德，用三大主題打動自己與他人的人生整理術

Story Like You Mean It

作　者—丹尼斯・雷貝洛博士（Dr. Dennis Rebelo）
譯　者—劉議方
責任編輯—許越智
責任企畫—張瑋之
封面設計—陳文德
內文排版—張瑜卿
編輯總監—蘇清霖
董事長—趙政岷
出版者—時報文化出版企業股份有限公司
一〇八〇一九臺北市和平西路三段二四〇號四樓
發行專線／（〇二）二三〇六—六八四二
讀者服務專線／〇八〇〇—二三一—七〇五、（〇二）二三〇四—七一〇三
讀者服務傳真／（〇二）二三〇四—六八五八
郵撥／一九三四—四七二四時報文化出版公司
信箱／一〇八九九臺北華江橋郵局第九九信箱
時報悅讀網—www.readingtimes.com.tw
法律顧問—理律法律事務所　陳長文律師、李念祖律師
印　刷—勁達印刷有限公司
初版一刷—二〇二三年四月二十一日
定　價—新台幣三〇〇元

時報文化出版公司成立於一九七五年，並於一九九九年股票上櫃公開發行，
於二〇〇八年脫離中時集團非屬旺中，以「尊重智慧與創意的文化事業」為信念。

你的人生就是最好的故事：勇敢、合作與美德，用三大主題打動自己與他人的人生整理術／丹尼斯．雷貝洛博士（Dr. Dennis Rebelo）著；劉議方譯
--- 初版 --- 臺北市：時報文化出版企業股份有限公司，2023.04
面；14.8×21公分. ---（人生顧問483）
譯自：Story Like You Mean It
ISBN 978-626-353-707-1（平裝）　1.CST: 成功法　2.CST: 幸福
192.32　　110019427

ISBN 978-626-353-707-1　Printed in Taiwan